Günter Altner / Markus Dederich /
Katrin Grüber / Rainer Hohlfeld (Hg.)
Grenzen des Erklärens

GeN
Gen-ethisches Netzwerk e.V.
Brunnenstraße 4
D-10119 Berlin
Tel. (49) 030/685 70 73

Günter Altner / Markus Dederich / Katrin Grüber /
Rainer Hohlfeld (Hg.)

Grenzen des Erklärens

Plädoyer für verschiedene Zugangswege zum Erkennen

S. Hirzel Verlag

Umschlagabbildung: Thinkstock/Hemera

Die Veröffentlichung wurde durch die Altner-Combecher-Stiftung im Stifterverband für die Deutsche Wissenschaft finanziell unterstützt.

Bibliografische Information der Deutschen Nationalbibliothek:
Die Deutsche Nationalbibliothek verzeichnet diese Publikation in der Deutschen Nationalbibliografie; detaillierte bibliografische Daten sind im Internet über <http://dnb.d-nb.de> abrufbar.

ISBN 978-3-7776-1817-3

Jede Verwertung des Werkes außerhalb der Grenzen des Urheberrechtsgesetzes ist unzulässig und strafbar. Dies gilt insbesondere für Übersetzung, Nachdruck, Mikroverfilmung oder vergleichbare Verfahren sowie für die Speicherung in Datenverarbeitungsanlagen. Gedruckt auf säurefreiem, alterungsbeständigem Papier.
© 2011 S. Hirzel Verlag Stuttgart
Printed in Germany

Inhalt

Vorwort: Die Gedanken sind frei ... Plädoyer für verschiedene Zugangswege zum Erkennen 7

1. Kapitel: Zwei Zugangswege zum wissenschaftlichen Erkennen

    Rainer Hohlfeld:
    Das Denken ist frei. Plädoyer für einen methodischen Pluralismus im wissenschaftlichen Erkennen 13

2. Kapitel: Verschiedene wissenschaftliche Perspektiven

    Günter Altner:
    Verstehende Biologie – ein anderer Blick auf die Naturforschung des Lebenden 27

    Elisabeth List:
    Neurobiologie und Phänomenologie. Ein Versuch ihrer Synthese am Beispiel der Analyse des Selbst 37

3. Kapitel: Verstehen in der Praxis

    Sabine Stengel-Rutkowski:
    Geistige Behinderung bei Kindern mit genetischen Syndromen? 55

    Ernst von Kardorff:
    Was heißt „Evidenz" in der gesundheits- und rehabilitationswissenschaftlichen Forschung? 85

Andreas Zieger:
Verstehen und Erklären als gemeinsame Praxis am Beispiel
der Deutung der Interaktion mit Patienten im Wachkoma 105

4. Kapitel: **Grenzen des Verstehens**

Christian Mürner:
Gesunde können Kranke nicht verstehen 120

Markus Dederich:
Grenzen des Fremdverstehens 129

Verzeichnis der Autorinnen und Autoren 137
Institut Mensch, Ethik und Wissenschaft 139

Die Gedanken sind frei ...
Plädoyer für verschiedene Zugangswege zum Erkennen

Einführung

Denken und Handeln sind frei – so zumindest steht es in unserer Verfassung. Von einigen Neurowissenschaftlern wird das seit einigen Jahren bestritten. Wie alle Dinge dieser Welt unterlägen auch der freie Wille, Denken und Handeln den Naturgesetzen und könnten kausal erklärt werden. Dieses Denken jedoch ist nicht neu. Seit Demokrit berufen sich Philosophen und Wissenschaftler auf die Doktrin des Materialismus, nach der jedes Naturereignis auf die Geltung von Naturgesetzen zurückgeführt und methodologisch durch diese erklärt werden könne. In manchen wissenschaftlichen Kontexten ist der Glaube an die Einheitswissenschaft so tief verwurzelt, dass das kausale Denken auch auf die Phänomene der Kultur und der Gesellschaft übertragen wird.

Doch die Dinge der Natur und Kultur liegen komplizierter, als Demokrit und nach ihm Galilei das ahnten. Schon 1739 goss der englische Philosoph David Hume Wasser in den kausalen Kelch der universellen Geltung. Er zeigte, dass die Kausalität einer Denkgewohnheit entspringt und als universelle Naturkategorie rational nicht begründet werden kann. Demnach ist jeder Glaube an eine überall gültige kausale Naturwissenschaft als Metaphysik anzusehen.

Diese eine Wissenschaft kann jedoch nicht nur kulturelle Sachverhalte wie beispielsweise die Bedeutung von Gemälden nicht klären. Auch elementare Gefühle wie Lachen und Weinen lassen sich kaum durch einen ausschließlich erklärenden und nach Kausalketten fragenden wissenschaftlichen Ansatz erfassen. Denn dazu muss man ihre Bedeutungen, ihren Sinn, ihre Semantik verstehen. Das kann aber nur, wer derselben kulturellen Lebensform angehört wie der Lachende oder der Künstler, denn nur der, der selbst teilnimmt, kann die Semantik der Gefühle oder des künstlerischen Ausdrucks verstehen. So ist der Schluss, dass neben dem erklärenden Beobachterstandpunkt der Natur ein Teilnehmerstandpunkt zur Interpretation kultureller und sozialer Phänomene erforderlich ist. Hier hilft nur ein Erkenntnismodell, welches die Engführung der Einheitswissenschaft überwindet und einen methodischen Dualismus der erkennenden Perspektiven berücksichtigt. Ein solcher Versuch soll mit dem vorgelegten Buch unternommen werden.

Rainer Hohlfeld hat mit seinem Artikel die weiteren Beiträge des Buches angeregt. Er versucht, den grundlegenden Unterschied zwischen Erklären und Verstehen als Kategorien des Begreifens der Wirklichkeit zu erläutern. Der Substanz-Dualismus von Körper und Geist in der Tradition von Descartes wird bei ihm ersetzt durch einen epistemischen Dualismus der erkennenden Methoden, die mit Erklären und Verstehen wissenschaftlich definiert werden. Der methodische Monismus des naturwissenschaftlichen Erklärens durch Zurückführung auf Gesetze müsse um die Methode des Verstehens ergänzt werden, mit der auch kulturelle Phänomene begriffen werden können. Dieses Verstehen setze voraus, dass der Teilnehmer derselben Lebensform oder Sprachgemeinschaft angehört. Diese Form des Verstehens sei einer Beobachtung nicht zugänglich. Er plädiert für einen Pluralismus im Erkennen, um die Einseitigkeit des erklärenden Standpunktes zu relativieren.

Elisabeth List versucht, beobachtende Wissenschaft und Phänomenologie des erlebenden Selbst miteinander zu vereinbaren, um sich so einer Theorie des Subjektes zu nähern. Die Kognitionsforschung habe sich ganz von der Frage des Subjektes verabschiedet und so eine empfindliche Lücke in der philosophischen Anthropologie hinterlassen. Der Neurodeterminismus verkenne, dass mentale Vorgänge keine biologischen seien. Der Dimension des Sinnes könne man sich nicht experimentell nähern. Die Konfusion von geistigen und materiellen Prozessen sei ein geläufiges Phänomen in der Fachliteratur. List arbeitet heraus, dass das Selbst aus der Sicht der Naturwissenschaft eine Fiktion sei, die aber für die symbolische Ordnung unserer Erfahrungswelt unverzichtbar sei. Aus phänomenologischer Perspektive werden geistige Vorgänge als leibgebundene und somit „verkörperte" Phänomene begriffen. Dieser Zugang ermögliche List zufolge sowohl eine Überwindung des Körper-Geist-Dualismus als auch eine Schließung des „explanatory gap" zwischen „innen" und „außen" in den Kognitionswissenschaften.

Günter Altner macht klar, dass der Versuch, menschliches Sozialverhalten biologisch zu erklären, ohne eine Ergänzung durch das Verstehen nicht auskommt. Das reflektierende Selbstbewusstsein muss als neue „Eröffnung" in der Evolution entstanden sein und so erst seine Geschichtsschreibung ermöglicht haben. Altner erinnert an Vertreter einer teilnehmenden Biologie wie Portmann und Uexküll und deren verstehende Biologie von Organismen. Portmann hatte auf den Begriff der Selbstdarstellung des Lebendigen als ästhetische Kategorie eines teilnehmenden Verstehens hingewiesen und damit die Formenvielfalt über das Funktionale hinaus begriffen. Auf Uexküll hingegen geht eine Zeichenlehre zurück, mit der Organismen Umweltreize gemäß ihrer Bedeutung für die eigenen Bedürfnisse beantworten. Die ökologische Krise, so Altners Fazit, könne nur überwunden werden, wenn der Mensch sich als Teilnehmer und Teilhaber des Oikos begreift.

Den Sprung in die Humanmedizin und damit in die Humanwissenschaften macht der Arzt und Neurologe Andreas Zieger. Am Beispiel von Patienten im Wachkoma, die neurologisch keine Erregungen mehr zeigen, zeigt er auf, wie selbst diese Patienten noch „körpersemantisch" ansprechbar sind. Auch diese extreme, jedoch menschenmögliche Seinsweise ermögliche noch eine verstehende Kommunikation. Auf dieser Grundlage zweifelt Zieger an der frühzeitigen Unterlassung von lebenserhaltenden Maßnahmen. Vielmehr eröffnet die von ihm entwickelte Perspektive eine bisher häufig vernachlässigte Dimension menschlicher Erfahrungs- und Erkenntnisgewinnung.

Die Humangenetikerin Sabine Stengel-Rutkowski beschäftigt sich mit der Frage, inwieweit die genetische Diagnose von geistiger Behinderung den Weg für Therapiechancen von so diagnostizierten Kindern verbaut. Programme, die „qualitative Aspekte" wie das Verhalten der Kinder im normalen sozialen und schulischen Leben berücksichtigten und pädagogische Anforderungen an die Kinder stellen, hätten eine weit günstigere Prognose für ihre geistige und soziale Entwicklung. Das wird durch Bildmaterial anschaulich dokumentiert.

An der Schnittstelle zu den hermeneutischen Sozialwissenschaften bewegt sich der Rehabilitationssoziologe Ernst von Kardorff. Die evidenzbasierte Rehabilitationsforschung könne den „Goldstandard" der Galilei-Tradition nicht erreichen, da sie nicht darauf ausgerichtet sei, Gesetzesaussagen zu machen. Ihre Ergebnisse blieben hochgradig interpretationsbedürftig. Von Kardorff zeigt auf, wie eine um die Teilnehmerperspektive erweiterte Forschung die Evidenzbasierung auf eine neue Basis stellen kann. Die Akte der Rückwirkung der „Seele" (z. B. Wünsche und Emotionen) auf Empfindungen unseres Körpers müssten durch den Filter der gesellschaftlichen Codierung hindurch hermeneutisch interpretiert werden, um für andere einen Sinn zu erhalten. Hierbei entstehen immer verschiedene Deutungsvarianten. Kardorff begreift „verstehen" als dialogische oder trialogische Deutung dieser Varianten der relevanten Beteiligten. Demnach sind soziale Wirklichkeiten konstruiert und ausgehandelt.

Markus Dederichs Überlegungen sind dem Versuch gewidmet, Grenzen des Fremdverstehens zu explizieren, die sich bereits bei Kardorff andeuten. Ein Fremdverstehen, welches unausweichlich vom Eigenen ausgehen müsse, sei immer nur partiell. Für das Erschließen der Sinnhorizonte des Anderen gebe es keine sichere Basis. Verstehen basiere immer auf einer unterstellten gemeinsamen Verstehensordnung, etwa einer kommunikativen Vernunft oder anthropologischen Vorstellungen. Aus phänomenologischer Perspektive wird Fremdheit, die durch Verstehen bewältigt werden soll, als „ein Ereignis des Dazwischen" gedeutet. Die Bestimmung von Eigenem und Fremden vollziehe sich im Ereignis des Antwortens. Das Antworten kann zu Annäherungen führen, nicht jedoch zu einer Aneignung, weil sich das Fremde einer völligen Bestimmung immer aufs Neue entziehe.

Christian Mürner illustriert die Grenzen des Fremdverstehens am Beispiel des Philosophen und Arztes Karl Jaspers. Jaspers – selbst chronisch krank – entwickelte eine eigene Lebenswelt, die den anderen Zeitgenossen nur bedingt zugänglich war. Verstehen beruhe, so Jaspers, auf einer standortgebundenen, potenziellen Gegenseitigkeit, so dass es zu keiner einseitigen Aneignung der Auffassung des Anderen komme. Mürner betont, Jaspers' Position sei keine isolierte und gar radikale Stellungnahme gewesen. Vielmehr sei sie in den Kontext der Position Viktor von Weizsäckers zu stellen.

Die Beiträge des Buches geben keine „endgültige" Antwort auf die Frage nach dem Verhältnis von Erklären und Verstehen. Aber sie drängen darauf, dass es unumgänglich ist, die Denkkonventionen im Bereich von Naturwissenschaft und Medizin einer kritischen Sichtung zu unterziehen. Jeder einzelne Beitrag stellt den Versuch dar, die Prämissen und die Reichweite von Erklären und Verstehen auszuloten. Diese kritische Nachfrage dient einerseits der Sicherung und der Beurteilung der eigenen Ergebnisse und der damit verbundenen offenen Fragen. Und andererseits wird so der Bedarf nach Ergänzung durch die „andere Seite" angemeldet. Auf diese Weise zeichnet sich ein Diskursraum ab, der für das zukünftige interdisziplinäre Gespräch zwischen Medizin, Human- und Naturwissenschaften von großer Bedeutung sein könnte.

Die Mehrzahl der Autorinnen und Autoren sind Mitglieder des Wissenschaftlichen Beirates des Institutes Mensch, Ethik und Wissenschaft. Wir danken an dieser Stelle stellvertretend auch dem Vorsitzenden Prof. Dr. Dietmar Mieth für wichtige Anregungen und Frau Susanne Diehr für ihr sorgfältiges Lektorat.

Die Herausgeber

1. KAPITEL:

Zwei Zugangswege zum wissenschaftlichen Erkennen

Rainer Hohlfeld

Das Denken ist frei.
Plädoyer für einen methodischen Pluralismus
im wissenschaftlichen Erkennen

Die Notwendigkeit der Revision des wissenschaftlichen Erklärungsmodells
für die Humanwissenschaften

1. Einleitung

Hirnforscher und Neurophysiologen vermitteln oft den Eindruck als hätten sie „alles im Griff" und könnten gezielt und kontrolliert in der experimentellen Beeinflussung des Gehirns vorgehen. Sie berufen sich darauf, dass sie alles, was sie tun, auch erklären können, d.h. auf gesetzmäßige und ursächlich zusammenhängende Verläufe – auf Kausalgesetze – zurückführen. Im Grunde genommen verbirgt sich darin die uralte Doktrin der Naturwissenschaften seit Galilei, die ganze Welt mit einer Methode nach dem Modell der Mechanik erfassen zu können („methodischer Monismus"). Das ist der Grundpfeiler einer deterministischen Weltanschauung.

Doch gilt das auch für kulturelle Phänomene wie Weinen und Lachen, die sich dem kausalen Zugriff entziehen und nicht wie Dinge manipuliert werden können? Sind diese psychischen Begriffe nicht nur dem verständlich, der selbst lachen und weinen kann, einem Teilnehmer derselben Kultur, der sich in die Lebensform des anderen einfühlen kann? Diesen Fragen, die auch Neurobiologen nicht beantworten können, versuche ich nachzugehen. Ich behaupte nichts Neues, sondern knüpfe an alte Denkmuster an – doch durch die Deutungsmacht von Neurobiologen bedürfen sie einer Aktualisierung: Dieses Plädoyer für einen methodischen Pluralismus interveniert in Alleinvertretungsansprüche deterministischer Erklärungen.

Eine treffliche Unterscheidung, die weiterhilft, führt im 19. Jahrhundert der Psychologe und Physiker Jakob Fechner ein, der vorschlägt, dass jede lebende Substanz zwei Aspekte haben muss: einen inneren Aspekt der Wahrnehmung des Selbst (quasi ein „inneres Auge") und einen äußeren Aspekt, der ins Spiel kommt, wenn die Substanz aus der Perspektive, die nicht sie selbst ist, begriffen wird (vgl. Heidelberger 2002). Das jedoch ist die Perspektive des Beobachters. Auf dieser Unterscheidung beruht der methodische Dualismus von Teilnehmer- und Beobachterperspektive.

Das wird untermauert durch die Unterscheidung von Wundt, dem Begründer der deutschen wissenschaftlichen Psychologie, der Phänomene unterscheidet, die mit den Methoden der Naturwissenschaften gemessen, quantifiziert und damit auf Gesetze zurückgeführt werden können, und solchen, die nur durch sozialhistorische, kulturelle und sprachliche Methoden erfasst werden könnten. Für diese prägte er den Begriff der „Völkerpsychologie" (Wundt 1898).

Einen Dualismus hatte auch Descartes im Auge; doch er führte die Welt des Geistes und die Welt der Dinge auf zwei Substanzen („res cogitans" und „res extensa") und nicht auf zwei Methoden zurück, was ihn in empirische Widersprüche verwickelte. Trotzdem blieb die ausgedehnte Substanz, die „res extensa", bis heute der einzige Leitfaden für die Naturwissenschaften und die Hirnforschung.

Im Gegensatz dazu hat das Verständnis eines methodischen oder „epistemischen" Dualismus Konsequenzen für die wissenschaftliche Erkenntnistheorie: Der Dualismus führt zu einer erklärenden Beobachtersprache der Objektwissenschaften und einer interpretierenden Teilnehmersprache der Geistes- und Humanwissenschaften. Die Unvereinbarkeit beider Aspekte führte mich zu der Überlegung eines pluralen Modells des wissenschaftlichen Erkennens.

2. Die Erfolgsgeschichte des Kausalmodels

Die wissenschaftliche Erklärung nach dem Kausalmodell ist so dominant geworden, dass sie die gesamte Wissenschaft beherrschte und noch beherrscht, so dass man von einem „Imperialismus" der kausalen Erklärung spricht (Taylor 1975b, 277). Es gibt über die Physik hinausgehende und „vor" der Physik liegende – also wissenschaftsmethodische, psychologische, soziale, kulturelle, philosophische und politische – Gründe für die historische „Langlebigkeit" dieses kausalen Erklärungsmodells, die hier im Sinne einer ersten Hypothese zusammengestellt werden und plausibel machen sollen, warum die Geschichte der Kausalität ein solches Erfolgsmodell ist und so dominierend werden konnte.

2.1 Die Überzeugungskraft der Galilei-Tradition in der Wissenschaft

Die gesetzmäßige kausale Erklärung oder das Subsumtionsmodell der Erklärung, wie von Wright es nach dem Hempel-Oppenheim Schema der wissenschaftlichen Erklärung durch die Deduktion eines Ereignisses aus einem Allgemeingesetz nennt (von

Wright 1974, 6), hat sich seit Galilei und seiner überzeugenden und eloquenten Beweisführung des Fallgesetzes als Musterbeispiel für eine stringente wissenschaftliche Erklärung eines Naturereignisses an Universitäten und Akademien durchgesetzt. Dazu kam nur ein Jahrhundert später die Newton'sche Gravitationstheorie, die – mathematisch brillant – Mechanik und Himmelsmechanik vereinte und scheinbar alles, selbst Ebbe und Flut, mit der Reduktion auf drei Axiome erklären konnte. Damit hatte er eine Theorie für alle Naturphänomene begründet. Die Idee der einen Wissenschaft für die gesamte Natur war geboren. Jede wissenschaftliche Erklärung wurde daran gemessen, ob sie diesem „Goldstandard" von Galilei und Newton genügte.

Der Positivismus des 19. Jahrhunderts verdichtete die experimentelle Methode Galileis, die mathematische Physik in Newtons Gravitationstheorie, die Reduktion der Physik auf wenige Grundgesetze oder Postulate und den methodischen Monismus zur Doktrin der Einheitswissenschaft. Diese Entwicklung machte auch vor den Wissenschaften des Geistes nicht halt, die sich der positivistischen Doktrin beugten. Jeder andere Erklärungsversuch jenseits des kausalen Determinismus gilt seither für jedes wissenschaftliche Journal als unwissenschaftlich und „irrational" (Taylor 1975b, 259–263).

2.2 Die Alltagserfahrung

Die Erfahrung zeigt uns schon von Kind an, dass sich natürliche Objekte durch äußere Eingriffe auch unabhängig von unserem Zutun regelmäßig verändern. Diese Erfahrung wird nach dem Modell des Handelns interpretiert (vgl. Wieland 1975, 143), so als wäre eine subjektive Kraft am Werke, die dann als Ursache interpretiert und in die Natur verlegt wird. Der ontologische Schluss auf die natürliche Ursache – „die Natur *ist* so" – war daher nahe liegend.

2.3 Die Herstellung intersubjektiver Gewissheit

Durch den wiederholbaren experimentellen Eingriff unter immer gleichen Bedingungen („ceteris paribus"), auf den derselbe Effekt folgt, ist eine intersubjektive Gewissheit, Eindeutigkeit und Präzision erreichbar. „Objektive" Daten, „data bruta", die über jeden Zweifel erhaben und von „allen Spuren des Menschlichen" (Heintz 2000, 108–136) befreit sind und in Kontroversen eindeutig schlichten können (Taylor 1975b, 265), können experimentell hergestellt werden.

2.4 Die universelle Geltung des Naturgesetzes

Das experimentell hergestellte Wissen und das daraus gefolgerte Naturgesetz gilt immer und überall („semper et ubique"), von Alaska bis London, von den Osterinseln bis Washington. Jeder, der zum Experimentieren in der Lage war und es nach den exakten Vorschriften wiederholen konnte, konnte ohne Ansehen der Person und völlig gleichberechtigt und insofern demokratisch das Gesetz nach den Statuten der „Königlichen Akademie" in London überprüfen und von dem begrenzten lokalen Wissen der eigenen regionalen Kultur unterscheiden (Merton 1972, 48–50).

2.5 Der Erfolg durch Beherrschung der Phänomene

Der experimentelle Eingriff führt zur Beherrschung der Phänomene und zur „Entzauberung der Natur" und damit, nach demselben Modell, zur Beherrschung der Welt durch das „alte Europa" (Krohn 1987)[1]. In diesem Sinne war der kausale Determinismus in höchstem Maße erfolgreich. Das war bekanntlich auch der Grundgedanke der „Herrschaft über Natur" seit Bacon. „Der Zweck unserer Gründung (der fiktiven Akademie von Logado, R. H.) ist die Erkenntnis der Ursachen und Bewegungen in der Natur und die Erweiterung der menschlichen Herrschaft bis an die Grenzen des überhaupt Möglichen" (Bacon 1973, 205).

2.6 Erklärung der Welt nach einem Prinzip

Die *kohärente Erklärung* der Welt durch eine Einheitswissenschaft (vgl. 2.1), durch eine Theorie, war immer ein starkes Motiv der Wissenschaft[2]. Dies hat entscheidende wissenschaftliche Revolutionen hervorgebracht[3] – von Kopernikus bis Newton und Einstein – und hat wesentlich zum modernen Weltbild beigetragen (Hübner 1994, 243–249).

Wie wir gesehen haben, gibt es viele Gründe, die plausibel machen, warum sich der kausale Determinismus wissenspolitisch als zentrales Dogma der Erklärung „für alles" durchsetzen konnte. Aber der Erfolg begründet nicht die universelle Geltung, die der Determinismus beansprucht.

3. Der erste Einwand: Die Kausalität ist keine universelle Kategorie

Dass das Kausalgesetz empirisch nicht begründet werden kann, legte schon David Hume 1739 in seinem „A Treatise on Human Nature" dar. Es ist nicht möglich, so argumentierte er, aus einer endlichen Kette von beobachteten Ereignisfolgen auf eine

---

1 China ist davon ausgenommen (Needham 1977), was nach Needham aber ja gerade das Defizit der chinesischen Wissenschaft ausmachte. Aber offensichtlich hat sich China auf dem Modernisierungsweg ganz der Galilei-Tradition angeschlossen.
2 Die Einheit der Methode führt nicht allein zur Einheit der Theorie. Deswegen muss sich zu dem methodischen Monismus ein theoretischer Monismus gesellen.
3 Zur Beseitigung von Inkohärenzen zwischen alten Theorien, die die Wissenschaftler nicht in Ruhe ließen.

gesetzmäßige kausale Folge zu schließen. Der induktive Schluss von n-1 auf n ist empirisch nicht möglich. Der induktiven Begründung von Naturgesetzen war damit der Boden entzogen. Die intuitive Alltagsvermutung entpuppte sich als Irrtum.

Damit hatte Hume die Begründung der Kausalität als universale Naturkategorie und damit als metaphysische Kategorie erfolgreich zurückgewiesen. Seither existiert diese Beweisführung als der Hume'sche „Skandal" der Philosophie (von Wright 1987, 42).

Kant hat dieses Dilemma in seiner „Kritik der reinen Vernunft" erkannt und versucht, die Kausalität über eine transzendente a priori-Annahme zu rechtfertigen: Kausalität als „Bedingung der Möglichkeit der Gegenstände der Erfahrung" (Kant 1781). Die Kenntnis der objektiven Welt sei nur möglich, wenn wir das Kausalprinzip voraussetzen. Doch dieser Kant'sche Rettungsversuch ist, wie Jürgen Habermas es ausdrückt, vom „transzendenten Himmel gefallen" (Habermas 2005, 171).

Ein bekannter Philosoph der Logik und Mathematik, Hans Reichenbach (1937), versuchte, ohne Transzendenz, ohne Existenzbehauptung auszukommen und bemühte sich, die Kausalität pragmatisch bzw. „operationalistisch" zu retten, nämlich als Bedingung der Herstellbarkeit und damit Beherrschung der gegenständlichen Welt. Wenn wir technisch handeln wollen, so postulierte er, dann müssen wir nach dem Leitfaden vorgehen, dass Naturereignisse unabhängig von unserem Wollen gesetzmäßig „von selbst" und kausal ablaufen (vgl. Hübner 1994, 26–28). Das Kausalgesetz selbst aber bleibt hypothetisch und Entwurf der menschlichen Kognition, ohne dass seine Existenz behauptet werden muss.

Der Wissenschaftstheoretiker Hendrik von Wright treibt den Pragmatismus Reichenbachs weiter und schlägt in seinem grundlegenden Werk „Erklären und Verstehen" eine „aktionistische" oder „experimentalistische" Auffassung der Kausalität vor: „Die Entdeckung kausaler Relationen weist zwei Aspekte auf: einen aktiven und einen passiven. Die aktive Komponente besteht darin, daß man Systeme durch Hervorbringen ihrer Anfangszustände in Bewegung setzt. Die passive Komponente besteht darin, daß man beobachtet, was innerhalb der Systeme vor sich geht – wobei man diese so wenig wie möglich stört. Das wissenschaftliche Experiment, eine der genialsten und folgenreichsten Erfindungen des menschlichen Geistes, ist eine systematische Kombination dieser zwei Komponenten" (von Wright 1974, 82).

Mit dieser experimentalistischen Interpretation der Kausalität behauptet von Wright nichts weniger, als dass Kausalität als herstellende Handlung verstanden werden könne, dass also das Subjekt seine kausale Welt und die der Objekte quasi selbst „erschafft" (vgl. 2.2). Aus all dem muss konsequenterweise der Schluss gezogen werden, dass Kausalität als ein universelles Denkmodell, das alles deterministisch erklären kann, in den Bereich des Hypothetischen gehört. Zumindest kann Kausalität zur Erklärung von Handlungen logisch ausgeschlossen werden, da damit nicht erklärt werden kann, wie es zur kausalen Handlung selbst kommt.[4]

---

4   Den subjektiven Zugang zur Erfahrung hat wohl auch Pleßner im Auge, wenn er argumentiert,

4. Der zweite Einwand: Das Kausalmodell reicht für eine Erklärung in den Humanwissenschaften nicht aus

An die Widerlegung der Kausalität als Naturkonstante schließt sich das zweite Argument gegen den kausalen Determinismus an: mit dem Kausalmodell können die Phänomene in den Wissenschaften vom Menschen, vor allem die zielgerichtete Handlung selbst, nicht erklärt werden (vgl. Taylor 175a).

In ihrem Versuch, eine „Logik der Geschichts- und Kulturwissenschaften" zu begründen, stießen die analytischen Philosophen bald auf das Problem, dass sie kein allgemeines Gesetz finden konnten, aus dem sie wie bei der Subsumtionstheorie eine Erklärung ableiten konnten. Sie landeten immer wieder bei singulären Sätzen und der Notwendigkeit, menschliches Handeln und Absichten aus den situativen Umständen und Motiven heraus begründen zu müssen.

Hier zeigte sich, dass der Versuch, eine Theorie der Handlung zu konzipieren, an ein Grundproblem der Geistes- und Sozialwissenschaften rührt, das an die Einsichten der Theorien sozialen Handelns anknüpft (vgl. Winch 1958). Wenn ein Wissenschaftler soziales oder historisches Handeln empirisch erfassen will, so argumentiert Winch, muss er die gesammelten Daten in ihrer Bedeutung verstehen. Dazu muss er die empirischen Daten interpretieren. Für diese Interpretation aber benötigt er dasselbe Begriffssystem wie die Handelnden. Er muss sich in die Handelnden verstehend „einfühlen" können. Letztlich muss er an ihrer Lebensform ein Stück weit partizipieren. „Aus diesem Grund kann der Sozialwissenschaftler nicht wie ein Naturwissenschaftler von außen an seinem Untersuchungsgegenstand herangehen" (von Wright 1974, 38), sondern muss Teilnehmer derselben „Sprachgemeinschaft" sein, er muss *verstehen*, was der Andere meint, er muss Bedeutungen erkennen können.

Hendrik von Wright versucht, die Theorie der Handlung logisch zu retten. In „Erklären und Verstehen" (1971) versucht er einen Brückenschlag zwischen der erklärenden und der verstehenden Position. Er unterscheidet eine Erklärung durch Zurückführung auf ein kausales Gesetz und ein intentionales Verstehen durch Zurückführen auf ein Handlungsschema. Dabei greift er auf die Aristotelischen Tradition zurück, da dieser erstmalig auf die Idee des „praktischen Syllogismus" zum Verständnis der Logik von „Um-zu"-Handlungen kam (von Wright 1974, 1). „Allgemein gesagt, was das subsumtionstheoretische Schema für Kausalerklärungen und Erklärungen in den Naturwissenschaften ist, ist der praktische Syllogismus für teleologische Erklärung und Erklärungen in den Geschichts- und Sozialwissenschaften" (ebd., 37).

Aber seine Intention, den praktischen Syllogismus auf ein analoges Schema wie das der kausalen Begründung zurückzuführen, scheiterte. Auch er musste letztlich auf Interpretationen zurückgreifen (vgl. Stegmüller 1987, Band II, 121). Mit einer The-

---

„daß nur ich selbst als Ich das entscheidende Glied in der Kette der Bedingungen für die objektive Erfahrbarkeit der Welt bin" (Pleßner 1975, 46).

orie der Handlung, die sich aus dem Bemühen um eine Erklärung in den Geschichtswissenschaften entwickelte, schließt von Wright (1974, 36–39) an die kontinentale Tradition der Kunst der Interpretation oder der Hermeneutik an. Diese Tradition geht zurück auf Dilthey (1910), der Kant und seiner „Kritik der reinen Vernunft" widersprach und bestritt, dass die Kant'sche Erkenntnistheorie in seiner „Kritik der reinen Vernunft" zum Modell aller Wissenschaften gemacht werden könne. Mit seiner „Kritik der historischen Vernunft" verwies er auf die notwendige Deutung von Motiven, Sinnzusammenhängen und Bedeutungsstrukturen für das Verstehen historischer Zusammenhänge.

5. Teilnehmer- und Beobachterdiskurs sind epistemisch verschieden

Das Resultat aus den vorgelegten Argumenten (1–3) ist: Wir müssen damit rechnen, dass für eine angemessene Erklärung in den Natur- und Geisteswissenschaften eine Perspektive, ein Standpunkt nicht ausreicht. Wie wir gesehen haben, ist einerseits ein Beobachterstandpunkt nötig, von dem aus experimentell interveniert werden kann, *und* es ist andererseits ein Teilnehmerstandpunkt notwendig, von dem her soziale Bedeutungen und Regelsysteme verstanden werden können.[5] In der Alltagsprache verwenden wir beide Perspektiven parallel oder simultan, der Wechsel der Standpunkte fällt kaum auf. Dennoch schließt diese simultane Verwendung ein, dass beide Perspektiven nicht aufeinander reduzierbar sind und jeweils eine eigene Ontologie und Methodologie haben (von Wright 1997).

Man kann die beiden epistemischen Sichtweisen wiederum pragmatisch interpretieren im Sinne einer operativen Beherrschung analog zu Reichenbach (vgl. Reichenbach 1935, 8): Wenn wir die Welt der Objekte beherrschen wollen, dann nehmen wir den manipulierenden Beobachterstandpunkt ein. Wenn wir die soziale Welt und unsere Nachbarn (fremde Kulturen) – den Anderen, der so ist, wie man selbst und vergleichbare Intentionen hat – verstehen wollen, dann wählen wir die Teilnehmerperspektive. Beide Perspektiven aber sind unverzichtbar für die Bewältigung des Alltags.

6. Die Chancen eines dualen Modells

Wenn Verstehen und Erklären zwei Perspektiven des Weltzugangs sind, die nicht aufeinander reduziert werden können, so stellt sich erkenntnistheoretisch die Frage nach dualen Formen der Erkenntnis als Überbrückung der Kluft zwischen Natur-

---

5 Das mündet natürlich in die bekannte Unterscheidung der Neukantianer Windelband (1894) und Rickert (1926) von momothetischen und idiographischen Wissenschaften, welche aber selten auf die unterschiedlichen Diskurse von Beobachtern und/oder Teilnehmern zurückgeführt wird.

und Geisteswissenschaften. „Dual" in Abgrenzung zu „komplementär" habe ich als Begriff gewählt, da „komplementär" sich auf die Art des experimentellen Eingriffs bezieht, also methodisch interpretiert wird[6] und sich auf Objekte bezieht, „dual" sich dagegen auf zwei epistemische Ebenen – Subjekte und Objekte – der „Ergreifung des Wirklichen" (Dingler 1969) bezieht.

Zunächst erscheint es ratsam, dass sich Forschung auf eine Koexistenz beider Standpunkte und Perspektiven einrichtet. Das Problem wurde bisher vernachlässigt, da das Erfolgsmodell der Galilei-Tradition in der Wissenschaft alles andere ausschloss. Notwendig wäre aber aufgrund der Argumente eine Perspektivenkoexistenz und das Modell eines dualen Diskurses von *Erklären* im Sinne der Galilei-Tradition und *Verstehen* im Sinne von Wrights. In der Umgangssprache sind diese Perspektiven verschränkt. Die Teilnehmerperspektive wird objektiviert und wechselt unbemerkt zur Beobachterperspektive, deshalb blieb dieser Irrtum so lange unbemerkt.

Im bisherigen fehlerhaften Umgang mit dieser doppelten Sichtweise tritt ein Kurzschluss auf, der sowohl in der Wissenschaftssprache als auch in der Umgangssprache umstandslos praktiziert und nicht reflektiert wird, der Kurzschluss von der subjektiven Empfindung zur Objektivierung. Dieser Kurzschluss ist nahe liegend, da umgangssprachlich Empfindungen, die nur in der Teilnehmerperspektive registriert werden können wie z. B. Angstmerkmale, zu nicht-teilnehmenden Beobachtungen stilisiert und objektiviert werden. „Der Affe hat Angst", formulieren die Verhaltensforscher (vgl. z. B. Kalin 1994). Beobachten können sie aber nur die äußeren Verhaltensmerkmale, die sie in Analogie zum eigenen Selbst auf den mentalen Zustand des Affen schließen lassen (vgl. von Wright 1997).

Ein weiteres Beispiel für einen solchen erkenntnistheoretischen Kurzschluss ist z. B. die Klangempfindung der teilnehmenden Beobachtung einer Trommel als „dumpf". Sie wird zum „objektiven" Merkmal der Trommel nach dem Modell des Pawlow'schen konditionierten Reflexes. Dieser unbemerkte Wechsel wird übernommen von der Wissenschaftssprache. Die unbeanstandete Konfusion der Umgangssprache wird also auf die wissenschaftliche Semantik übertragen, wahrscheinlich blieb sie deshalb so lange unbemerkt, zumindest in Neurobiologie und Verhaltensforschung.

Ein Dualmodell dagegen kann unterschiedliche Perspektiven freilegen und zum Gegenstand reflektierten wissenschaftlichen Handelns machen, was Auswirkungen für Prognose und Exaktheit hat. Das sei an dem alltäglichen Beispiel des Telefons erläutert:

Sämtliche Vorgänge vor der Wortbildung beim Empfänger der Nachricht sind Gegenstand der Beobachtersprache und kausal zugänglich: Elektromagnetische Wellen, die vom Telefondraht übertragen werden, werden in mechanische Schwingungen

---

6 Eingeführt in der Physik beim Welle-Korpuskel-Dualismus, der auf unterschiedliche Arten der Experimentalanordnung zurückgeführt wird (vgl. von Weizsäcker 1976).

einer Membran des Telefonhörers transformiert. Diese Schwingungen werden vom ovalen Fenster des Mittelohres auf das Innenohr übertragen. Diese lösen elektrische Impulse („Spikes") im Innenohr aus, die von Nervenfasern elektrisch an die Gehörrinde weitergeleitet werden. Dort werden die einzelnen Laute generiert und Phoneme, die Lautwahrnehmungen, zu „Primitiva der Begriffsstruktur" (Damasio 1994, 61) und Sprechakten integriert. Auf „emergente" Weise (so die Neurophysiologen) erhalten sie simultan eine *Bedeutung* und werden in eine Grammatik eingefügt. Und an dieser *Schnittstelle* fängt die Semantik an, neurophysiologische Phänomene werden in sprachliche Basalstrukturen gewandelt. Komponenten von Wörtern, Bedeutungen und Satzstrukturen – eine „mentalistische" Sprache (Stegmüller 1987, Band I, 500) – sind Gegenstände des neuen Paradigma. Ein semantisches Forschungsprogramm der Sprach- und Bedeutungsgenese setzt ein, der Beobachterstandpunkt wechselt zum verstehenden Teilnehmerstandpunkt der privaten Erlebnissprache.

Eine schlüssige Interpretation dieser Relation von Akustik und Sprache liefert wiederum der Kronzeuge von „Erklären und Verstehen" von Wright, 20 Jahre nach Erscheinen seines Hauptwerkes. In einer Betrachtung über „Die Stellung der Psychologie unter den Wissenschaften" kommt er zu dem Schluss, „die Beziehung zwischen den behavioralen Kriterien und den mentalen Zuständen ist semantisch" (von Wright 1997, 31). Die behavioralen Kriterien sind dabei für ihn beobachtbare Verhaltensmerkmale, wie z.B. eine Wendung des Kopfes, die kausal und neurophysiologisch erklärt werden können. Die mentale Seite wird semantisch interpretiert, z.B. was die Wendung des Kopfes bedeutet. Von Wright interpretiert also das Verhältnis zwischen Kausalem und Mentalem nach dem Modell der Sprache. Damit ist nicht erklärt, wie der Sinn in die Wörter kommt, wie aus der Physik Semantik entsteht.

Die Alternative zu diesem „Rätsel" ist die Interpretation, dass die Konstitution von Bedeutung auf soziale Sprachspiele und interaktive Verständigung von identischer Bedeutung zurückgeführt wird (Wittgenstein 1953, Habermas 2005, Schneider 2005), dass also Semantik und Sprache über Mentales sozial interpretiert werden.

Auch in der Evolution des Menschen erfordern ja kulturelles Lernen und die Sozigenese von Innovationen eine solche gemeinsame Sprachpraxis der Teilnehmer einer frühen menschlichen Gemeinschaft. Sie müssen sich ja auf gemeinsame Symbole für Dinge und Handlungen verständigen (vgl. Tomasello 2005, 28–30) und eine Semantik erfinden, um kooperativ handeln zu können.

Beim Perspektivenwechsel handelt es sich also um eine Koinzidenz von kausalen (biologischen) und semantischen (kulturellen) Phänomenen. Der Wechsel – die Schnittstelle – muss markiert werden, da jeweils ein anderes Forschungsprogramm mit eigenen Gesetzen – erklärend nach dem Subsumtionsmodell oder verstehend nach empirisch-hermeneutischen Gesetzen – von Kovarianzen, logischen Bedeutungsimplikationen oder intentional abläuft, die vorher in einen Topf geworfen wurden. Die Trennung ist wichtig, vergleichbar wie die Unterscheidung von Lautgestalten und Bedeutungen von Wörtern. Es handelt sich um unabhängige Argumentationsketten, die – je nach Perspektive – oszillieren wie ein Kippbild, wie im Falle der dualen Vererbung an der Schnittstelle von Natur und Kultur (vgl. Tomasello 2005, 26).

Die Biologie liefert über die genetischen Merkmale, Variation und Populationsgenetik der Selektion die kausalen Anteile des Modells. Die kulturellen Anteile, die Genese von Innovation und die kulturelle Weitergabe, wie z. B. Werkzeugherstellung, sind verstehende phänomenologische und archäologische Beobachtungen, die zu bestimmten Regeln zusammengefasst werden. Das aber sind sehr vorläufige Überlegungen, die weiterer Forschung über den Charakter der Koexistenz von Objektsprache und mentalistischer Sprache bedürfen.[7]

Literatur

Bacon, F. (1973): Nova Atlantis. In: Heinisch, J. (Hrsg.), Der utopische Staat. Reinbek, 171–215.
Damasio, A.; H. Damasio (1994): Sprache und Gehirn. In: Freeman, W.: Gehirn und Bewusstsein. Heidelberg, 58–66.
Dilthey, W. (1910): Der Aufbau der geschichtlichen Welt in den Geisteswissenschaften. Leipzig.
Dingler, H. (1969): Die Ergreifung des Wirklichen. Frankfurt.
Freeman, W. (1994): Gehirn und Bewusstsein. Heidelberg.
Habermas, J. (2005): Freiheit und Determinismus. In: ders.: Zwischen Naturalismus und Religion. Frankfurt, 155–186.
Heidelberger, M. (2002): Wie das Leib-Seele Problem in den logischen Empirismus kam. In: Plauen, M.; A. Stephan (Hrsg.): Phänomenales Bewusstsein – Rückkehr der Identitätstheorie? Paderborn, 43–70.
Heintz, B. (2000): Die Innenwelt der Mathematik. Wien, 108–136.
Hume, D. (1739): A Treatise on Human Nature. London.
Hübner, K. (1987): Kritik der wissenschaftlichen Vernunft. Freiburg.
Kalin, Ned H. (1994): Neurobiologie der Angst. In: Freeman, W.: Gehirn und Bewusstsein. Heidelberg, 88–95.
Kant, I. (1781): Kritik der reinen Vernunft. Königsberg.
Krohn, W. (1987): Francis Bacon. München.
Merton, R. K. (1972): Wissenschaft und demokratische Sozialstuktur. In: Weingart, P. (Hrsg.): Wissenschaftssoziologie I. Frankfurt, 45–59.
Needham, J. (1977): Über Bedeutung und Besonderheit der chinesischen Wissenschaft. In: Spengler 1977, 145–165.
Pleßner, H. (1975): Die Stufen des Organischen und der Mensch. Berlin.
Reichenbach, H. (1935): Wahrscheinlichkeitslehre. Leiden.
Rickert, H. (1926): Kulturwissenschaft und Naturwissenschaft. Tübingen.
Schneider, H. (2005): Reden über Inneres. Ein Blick mit Ludwig Wittgenstein auf Gerhard Roth. In: Rentsch, T. (Hrsg.): Einheit der Vernunft? Normativität zwischen Theorie und Praxis. Paderborn, 223–240.
Spengler, T. (1977) (Hrsg.): Joseph Needham, Wissenschaftlicher Universalismus. Frankfurt.

---

7 Stegmüller (1987, Band 1, 497–503) interpretiert diese Koinzidenz z. B. mit Hilfe der Identitätstheorie von H. Feigl, an die ich mich anlehne.

Stegmüller, W. (1987): Hauptströmungen der Gegenwartsphilosophie, Band I und II. München.
Taylor, Ch. (1975) (Hrsg.): Erklärung und Interpretation in den Wissenschaften vom Menschen. Frankfurt.
Taylor, Ch. (1975a): Erklärung des Handelns. In: Taylor 1975, 65–117.
Taylor, Ch. (1975b): Friedliche Koexistenz in der Psychologie. In: Taylor 1975, 259–290.
Tomasello, M. (2002): Die kulturelle Entwicklung des menschlichen Denkens. Frankfurt.
Von Weizsäcker, C. F. (1976): Die Einheit der Natur. München.
Von Wright, H. (1974): Erklären und Verstehen. Frankfurt, zitierte Auflage von 1991.
Von Wright, H. (1997): Die Stellung der Psychologie unter den Wissenschaften. In: Meggle, G. (Hrsg.): Hochschulschriften. Leipzig, 21–32.
Wieland, W. (1975): Diagnose. Berlin.
Winch, P. (1958): The Idea of Social Sciences and Its Relation to Philosophy. London.
Windelband, H. (1894): Geschichte und Naturwissenschaft. Freiburg.
Wittgenstein, L. (1953): Logische Untersuchungen. New York.
Wundt, W. (1900–1909): Völkerpsychologie. Bd. 1–10. Leipzig.

2. KAPITEL:

Verschiedene wissenschaftliche Perspektiven

Günter Altner

Verstehende Biologie – ein anderer Blick auf die Naturforschung des Lebenden

Wie im Titel schon angedeutet, nehme ich im Folgenden auf die von Rainer Hohlfeld eingeführte Unterscheidung von „Erklären und Verstehen" Bezug.[1] Das beteiligte menschliche Ich nimmt in den beiden Verfahren jeweils einen verschiedenen Standpunkt ein. Im naturwissenschaftlichen Erkenntnisverfahren geht es um die Herstellung von Rahmenbedingungen, auf Grund derer die Natur zum Objekt gemacht, berechnet und erklärt werden kann. Die klassische Biologie, die immer als die „letzte" unter den Naturwissenschaften galt, hatte mit der Zurichtung der von ihr untersuchten belebten Natur ihre Schwierigkeiten. Der Schritt ins Labor vollzog sich in vielen Anläufen. Erst mit dem Entstehen der Molekularbiologie kam die Biologie auf den perfekten Stand exakter Naturwissenschaften. Die Gläubigen dieser „Konfession" sehen in der Neurobiologie die Vollendung des Decartes'schen Ansatzes: Das Subjekt wird zum Objekt!

Bei dem Verfahren des Verstehens geht es um die Deutung von Sinn und Handlungszusammenhängen, in denen der Deutende selbst steht. Zur Verständigung bedarf es hier der sprachlichen Kommunikation, um das Vergangene und das Zukünftige im Licht der Gegenwart einer Interpretation zu unterziehen. Wir sind hier im Bereich der Hermeneutik, ohne die sich die Arbeit der Geistes- und Humanwissenschaften nicht vollziehen kann.

Die Fortschritte in der neurobiologischen Erforschung des Menschen haben in den zurückliegenden Jahren immer wieder zu dem Anspruch geführt, den Menschen in seinem subjektiven Empfinden völlig erklären zu können. Damit wäre die herme-

---

1 Vgl. Rainer Hohlfeld in diesem Band.

neutische Interpretation überflüssig geworden. Rainer Hohlfeld plädiert aus guten Gründen für eine Beibehaltung der beiden epistemischen Ebenen. Verstehen aus der Teilnehmerperspektive kann durch Erklären nicht eingeholt und abgelöst werden, da es sich auf einer epistemisch anderen Ebene vollzieht.

Nun kann man allerdings fragen, ob die von Hohlfeld herbeigeführte Differenzierung zwischen Erklären und Verstehen überhaupt für die Biologie relevant ist. Sind wir doch hier jenseits der Humanwissenschaften. Aber es gibt gute Gründe, auch für die Biologie die erkenntnistheoretische Unterscheidung zwischen Erklären und Verstehen beizubehalten. Seit den berühmten Köhlerschen Intelligenzprüfungen an Menschenaffen (1921) gibt es eine nicht endende Flut an Veröffentlichungen zum Intelligenz- und Sprachverhalten bei Primaten und anderen Stammesgruppen. Zu den letzten Arbeiten in diesem Genre gehört der New-York-Times-Bestseller der Verhaltensforscherin Irene M. Pepperberg „Alex und ich" (2009). Irene Pepperberg schildert in diesem Buch ihr Bemühen, kognitive Prozesse, die bisher nur bei höheren Primaten und beim Menschen bekannt waren, auch bei ihrem Graupapagei nachzuweisen. Der einzige Nachteil dieses faszinierenden Buches besteht darin, dass sich die Methoden des Erklärens und Verstehens unkontrolliert ineinanderschieben.

Aber man kann hier noch weiter gehen. Alle Versuche, den Menschen auf der Grundlage der Evolutionstheorie Darwins aus dem allgemeinen Evolutionsgeschehen abzuleiten, setzen ein Kontinuum voraus, über das es eine lange Geschichte zu erzählen gibt, die nicht zuletzt deshalb erzählt werden muss, weil es um die Geschichte des Menschen geht. Und wenn man versucht, dem Trend der Soziobiologie zu folgen, die das ganze Verhaltensinventar des Menschen biologisch erklären möchte, so bleibt es doch dabei, dass dieser Ansatz den Versuch einer Selbstinterpretation des Menschen darstellt und keine (bzw. nicht nur) „objektive" Erklärung. Sowohl in den Büchern der vergleichenden Verhaltensforschung als auch in der neueren soziobiologischen Literatur begegnen wir einem Mischstil, der sich einerseits aus erklärenden Versatzstücken und andererseits aus erzählend-hermeneutischen Partien zusammensetzt.

1. Selbstorganisation

Aber man kann hier noch einen Schritt weiter gehen. In der neueren Evolutionsbiologie hat sich zunehmend der Begriff der „Selbstorganisation" durchgesetzt. Das versetzt uns in eine paradoxe Situation. Während neurobiologische Ansätze das menschliche Selbst wegzuerklären versuchen, findet der Begriff in der evolutionstheoretischen Diskussion weite, wenn auch widersprüchliche Anwendung. Man möchte zum Ausdruck bringen, wie – gemessen am vorausgehenden Gang der Evolution – Strukturen von allein oder eben wie „von selbst" gebildet werden. Abweichend von der klassischen mechanistischen Interpretation möchte man die innovative Potenz des

Evolutionsprozesses zum Ausdruck bringen. Interessanterweise bedient man sich dabei des Begriffs des Selbst, der die Besonderheit des Menschen als Nicht-Objekt zum Ausdruck bringt.

Jan C. Schmidt hat in seinem Buch „Instabilität in Natur und Wissenschaft" (2008) auf die Breite der beteiligten Forscher und Autoren hingewiesen: Prigogine, Haken, Eigen, Schuster, Maturana, Varela, Holling u. a. Alle sind darum bemüht, das Entstehen neuer Strukturen und Eigenschaften in der Prozessualität von Evolution zum Ausdruck zu bringen, ohne dabei in mechanistische oder vitalistische Erklärungsversuche zurückzufallen. Zu den vielen Schritten der Selbstorganisation – von der unbelebten zur belebten Natur und ihren immer komplexeren Organisationsformen – gehört schließlich auch die „Bewusstseinsselbstorganisation". Im Zuge der Primatenevolution entsteht jene neurologische Struktur, die dem Menschen das Bewusstsein seiner selbst und auf dieser Grundlage das Verstehen und Erklären eröffnet.

Das ist eine eigentümliche Situation. In jener Transzendenz von der Neurostruktur zum Selbstbewusstsein und zum Denkvermögen realisiert sich die Möglichkeit der von Hohlfeld unterschiedenen zwei Ebenen der Ergreifung des Wirklichen. Wenn wir nun mit den Mitteln des Erklärens die lange Abstammungsgeschichte des Menschen zu rekonstruieren versuchen, so sind wir gleichzeitig gehalten, die lange Geschichte der Selbstorganisation mit ihren „Überstiegen" (Emergenzen) verstehend und erklärend nachzuvollziehen. Wenn die Grundstruktur des Evolutionsprozesses durch Selbstorganisation gekennzeichnet ist, so deutet sich darin in einer langen Vorgeschichte das besondere Selbstsein des Menschen in kleinen Schritten an. Oder man könnte auch sagen: Ohne das Selbstbewusstsein des Menschen ist die Geschichte der Selbstorganisation gar nicht erzählbar.

Bezogen auf unsere bisherigen Überlegungen können wir sagen: der Prozess der Evolution als sich selbst organisierender Prozess ist durch eine dichte Folge von Übersteigungen oder besser wohl: Eröffnungen gekennzeichnet. Offenheit bedeutet, dass aus der Potenzialität der jeweils erreichten Strukturen und Regularien abermals Aufbrüche ins Neuland wiederum neuer Abläufe und Möglichkeiten erfolgen. Die Gesetze der Evolution sind gewissermaßen mit sich selbst unterwegs.

Der Philosoph Oswald Schwemmer beschreibt diesen Vorgang unter Bezug auf Darwins Evolutionstheorie so: „In organischen Systemen, die Darwin untersuchte, finden wir interne Veränderungen, die aus sich heraus beziehungsweise in sich selbst, also in ihrer inneren Gliederung, Neues und vielfach Unkontrollierbares hervorbringen. All dies geschieht im ständigen und vielfachen Austausch mit der Umwelt. Ob Mutation, ob Selektion – die Innenwelten des Lebendigen bauen sich auf, aus und in ihren Umwelten. Dieser Aufbau verläuft nicht ohne Gesetze. Aber diese Gesetze ergeben sich erst in den Mutationen und ihrer Selektion. Mit Darwin gesprochen: in der natürlichen Zuchtwahl. Erst dadurch, dass sich bestimmte Strukturen herausbilden und als existenzfähig erweisen, entwickeln sich auch neue Zusammenhänge oder Gesetze zwischen diesen Strukturen. Nicht schon die Ausgangssituation bestimmt gesetzmäßig über den Ablauf der Entwicklung, sondern eben diese Entwicklung *selbst*. Eben dies meint letztlich Evolution" (Schwemmer 2009, 13).

Im Blick auf unsere Frage nach dem Verhältnis von Erklären und Verstehen könnte man sagen: In der Struktur des Evolutionsprozesses selbst bildet sich das Verhältnis von Erklären und Verstehen ab. Selbstverständlich ist das Phänomen der Selbstorganisation für wissenschaftliche Erklärungen zugänglich. Aber die Benutzung des Begriffs zeigt schon an, dass es bei der Erfassung der innovativen Eröffnung neuer Möglichkeiten im Evolutionsprozess Schwierigkeiten gibt. Es sei denn, man falle zurück auf mechanistische oder vitalistische Erklärungsmuster. Die jeweils eröffneten neuen Regularien sind erklärbar. Aber das Erreichen und Einsetzen jener neuen Möglichkeiten entzieht sich einer exakten Erklärung – ungeachtet der Erfassung aller Begleitumstände wie Kippprozesse, Symmetriebrüche –, was den Rückgriff auf einen Begriff notwendig macht, der uns auf die semantische Ebene des Verstehens führt.

Es ist bezeichnend, dass wir diesen ganzen Problemzusammenhang nach Erreichen und auf der Grundlage der „Bewusstseinsselbstorganisation" rückblickend verstehen können. Auf der Grundlage bestimmter neurophysiologischer Korrelate wächst uns die Möglichkeit des Selbstbewusstseins zu, das uns nun befähigt, humanwissenschaftlich unsere spezifische menschliche Situation zu verstehen bzw. erklären zu können. Das gilt dann auch für den großen Rückblick in die Evolutionsgeschichte. Der vielschrittige Prozess der Selbstorganisation erreicht im Menschen die Möglichkeit des Selbstbewusstseins, also die Fähigkeit, verstehend in die lange Naturgeschichte zurückzublicken.

Das schließt die naturwissenschaftliche Erklärung all der Prozesse und Strukturen mit ein, die sich mit dem Kalkül der Naturwissenschaften fassen lassen. Aber der so breit eingeführte Begriff der Selbstorganisation lässt eben erkennen, dass es einer zusätzlichen Interpretation auf der Ebene des Verstehens bedarf. Insofern ist die von Hohlfeld für die Humanwissenschaften eingeführte Differenzierung zwischen der epistemischen Ebene des Erklärens und der epistemischen Ebene des Verstehens auch für die Evolutionsbiologie sinnvoll und förderlich. Hohlfeld verweist auf die Notwendigkeit einer „Paradigmenkoexistenz". Eben dieses diskursive Wechselgespräch aus dem Blickwinkel zweier verschiedener epistemischer Ebenen ist auch für die Interpretation von Evolution eine unverzichtbare Voraussetzung.

Die Ausführungen zum Begriff und zur Geschichte der Selbstorganisation haben deutlich gemacht, dass es hier bezüglich des Menschen um eine tiefer liegende Beteiligung geht. In ihm wird die Selbstorganisation ihrer selbst bewusst, und insofern ist der Mensch besonders befähigt, die Geschichte der Selbstorganisation zu „verstehen" und zu erzählen. Mag die Biologie auf der Grundlage der Molekularbiologie inzwischen auch zu einer stolzen exakten Wissenschaft geworden sein, so bedarf sie doch oder gerade deshalb der Herausforderung durch einen verstehenden Ansatz, der aus der Anteilnahme des Menschen an der Geschichte des Lebens resultiert.

Interessanterweise stoßen wir mit dem Begriff der „Anteilnahme" (und auch dem des Verstehens) auf eine besondere Linie in der neueren Biologiegeschichte. Es handelt sich um herausragende Forschergestalten, die einerseits die volle Anerkennung ihrer Community hatten, andererseits die ideologische Überhöhung des Selektionsmechanismus und damit der Evolutionstheorie Darwins in Frage stellten. Wir beziehen uns hier insbesondere auf den großen Schweizer Zoologen Adolf Portmann (1897–1982) und auf den Begründer der Kompositionslehre der Natur Jakob von Uexküll (1864–1944).

Als Überschrift über diese abweichende Linie der Biologie könnte man ein Zitat aus der Gestaltkreislehre des Mediziners Viktor von Weizsäcker setzen: „Um Lebendes zu erforschen, muß man sich am Leben beteiligen. Die Physik ist nur objektiv, der Biologe ist auch subjektiv. Die toten Dinge sind sich fremd, die Lebewesen sind, selbst in der Feindschaft, gesellig. Der Gegenstand des Biologen ist eben ein Objekt, dem ein Subjekt einwohnt" (von Weizsäcker 1968, 168f.).

2. Die „Selbstdarstellung" der Organismen bei Adolf Portmann

Die Arbeit des Morphologen Portmann ist dadurch gekennzeichnet, dass er über das rein funktionale Verstehen organischer Gestalten entschieden hinausgeht und sich durch die vielfältigen Muster der Lebensgestalten im Sinne eines tieferen Verstehens auch ästhetisch in Anspruch nehmen lässt. In diesem Zusammenhang taucht der Begriff der „Selbstdarstellung" auf: „Der Begriff der Selbstdarstellung – ein Name für die Tatsache, daß ein lebendiges Wesen, Tier oder Pflanze, nicht nur Stoffwechsel treibt und als ein Gefüge von lebenserhaltenden Strukturen zu erklären ist, sondern daß der Organismus über das bloße Fristen des Lebens hinaus, über alles Notwendige hinaus, eine Form aufbaut, welche das Besondere gerade dieser Art darstellt" (Portmann 1974, 138).

Portmann verweist auf die bunten Farben von Tiefseeorganismen, die ihr Dasein in absoluter Dunkelheit fristen. Da gibt es keine funktionale Erklärung. Und auch der ornamentale Formwert des Fortpflanzungspols, wie er bei vielen Säugetieren beobachtet werden kann, geht nach der Auffassung Portmanns nicht einfach in biologischer Zweckmäßigkeit auf. Der Begriff der Selbstdarstellung dient bei Portmann dem Hinweis darauf, dass es bei der Erforschung des Lebens die Pflicht gibt, über alles Funktionale und Zweckmäßige hinaus auf ein umfassenderes Bild vom „Ganzen" eines Lebewesens zu achten. Portmann mahnt hier ganz offensichtlich ein Verstehen des Lebens an, das die Dimension des quantitativ Erklärbaren übersteigt.

Und dann stellt er – für unseren Zusammenhang gar nicht so überraschend – eine Verbindung zum Selbst des Menschen her: „Das Selbst, Ausdruck der Eigenständigkeit alles Lebendigen, äußert sich für den Beobachter immer bedeutsamer mit der gesteigerten Organisation: Diese seine Ausprägung ist eines der Kennzeichen der nicht leicht zu fassenden Rangstufen. Welch große Bedeutung kommt diesem Selbst in unserem Menschenwesen zu" (Portmann 1974, 140). Damit ergibt sich ein hermeneutischer Kontext, auf den wir schon beim Begriff der Selbstorganisation gestoßen waren. Weil sich der Mensch seines Selbstseins bewusst sein kann, ist er auch in der Lage, das Selbstsein der Organismen bis in die fernsten Abstufungen wahrzunehmen.

Ist das nun die ästhetische Spinnerei eines sensiblen Zoologen?! Würde etwas fehlen, wenn die Biologie, wie es in der Regel der Fall ist, auf diese Dimension des Selbst verzichtet? Da bliebe dann nur die Welt der Objekte, berechenbar, benutzbar und manipulierbar. Und dem Menschen würde etwas Entscheidendes fehlen, er wäre anthropozentrisch auf sich zurückgeworfen. Haben eigentlich unsere so fortschrittsorientierten Biologen, die voller Verachtung auf die Gentechnikkritiker blicken, darüber nachgedacht, dass sich in diesem zweifellos emotionalen Protest auch ein tieferes Wissen um den Wert der vielfältigen Formen des Lebens meldet?!

Adolf Portmann, der in seinem Denken von einem gediegen-konservativen Zuschnitt war, hat sich nicht gescheut, seine eigene Wissenschaft vor einer hybriden Einseitigkeit zu warnen: „Die steigende Abhängigkeit der Naturwissenschaft von großen Geldmitteln hat in der Lebensforschung eine Biotechnik ermöglicht, welche sich mehr und mehr von den ursprünglichen Zielen der Forschung loslöst [...] Die Forschung ist der Gefangene der Macht [...] Es ist heute die Forschung selbst, die um ihre Freiheit während Jahrhunderten hat kämpfen müssen, welche das Problem der Kontrolle ihrer Folgen erkannt und Grenzen der technischen Ausbeutung fordern muss" (Portmann 1974, 244).

3. Jakob und Thure von Uexküll und ihre Kompositionslehre

Bei Jakob und Thure von Uexküll gibt es eine ähnliche Kritik. In ihrer Kompositionslehre der Natur rückt das Subjekt ins Zentrum der Betrachtung. Orientiert an dem von Jakob von Uexküll entwickelten Funktionskreis wird der gängigen Welt der Objekte die Wechselwirkung der biologischen „Subjekte" gegenübergestellt. Fundamental für die Uexküllsche Kompositionslehre ist der „Funktionskreis". Über ihn steht das Uexküllsche „Subjekt" im Zeichen- bzw. Signalaustausch mit seiner Umwelt und seinen Mitorganismen, die ihrerseits auf die gleiche Weise mit den anderen Subjekten kommunizieren.

Aus dem Kontext des Funktionskreises entwickelt Uexküll den Begriff des Subjekts: „Das Subjekt ist sowohl im Funktionskreis wie auch als Träger einer spezifischen Lebens- und Ganzheits-Energie, wie auch als offenes System nur über seine Eigenaktivität in der Lage, Umgebungsreize zu empfangen. Darauf beruht seine Fähigkeit, Einwirkungen der Umgebung nicht kausal, sondern nach einem spezifischen eigenen Code als Zeichen – das heißt in ihrer Bedeutung für die eigenen Bedürfnisse – zu beantworten. Mit dieser Fähigkeit tritt in der Natur eine neue Qualität auf:

die Qualität Selbst. Es gibt sie im Bereich des Anorganischen nicht" (von Uexküll 1980, 50).

Es ist deutlich, dass der Uexküllsche Ansatz von der einlinig-mechanistischen Interpretation organismischer Prozesse wegführt. Es geht vielmehr darum, die belebte Natur als „Komposition einer großen Symphonie" zu begreifen, in der unendlich viele Bedeutungszuweisungen im Sinne des Uexküllschen Subjektverständnisses miteinander schwingen. Aufgabe der Umweltforschung ist es, durch „teilnehmende Beobachtung" sich in diese Welt der Mitteilungen einzuleben und den jeweiligen Code zu suchen, nach dem das Lebewesen die von außen kommenden Reize in Bedeutungen und Nachrichten verwandelt.

So wird der Mensch aus seiner extravaganten Position des außerhalb der Natur stehenden Beobachters und Ausbeuters in das Netz der interartlichen Kommunikation einbezogen, und dabei eröffnet sich ihm ein tieferes Verstehen der Lebensformen. Sie fungieren nun nicht mehr als verfügbare und berechenbare Objekte, sondern als Subjekte, zu deren Verständnis es sensibler Kommunikationsverfahren bedarf. Uexküll hat immer unterstrichen, dass der von ihm gewählte Subjektbegriff weit jenseits dessen liege, was das Subjektsein des Menschen kennzeichnet. Beim Menschen ist immer jene besondere Situation vorauszusetzen, bei der Selbstbewusstsein und Sprache die Kommunikation bestimmen. Aber gerade die Sprachfähigkeit des Menschen ermöglicht es nun, den ihm vertrauten Begriff des Selbst und des Subjektes im Sinne eines tieferen Verstehens – wenngleich in abgeleiteten und abgeschwächten Derivaten – in der Welt der Organismen wahrzunehmen.

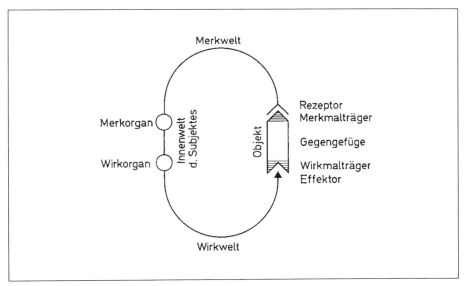

Schema des Funktionskreises

So zeigt sich auch bei Jakob und Thure von Uexküll und ihrer Umweltlehre, dass es Sinn macht, dem erklärenden Ansatz der exakten Naturwissenschaften eine tiefergehende Methode des Verstehens zuzugesellen. Die durch Uexküll angeregte Diskussion über das Subjektsein der Lebensformen gewinnt durch die Fortschritte der Molekularbiologie an Aktualität. Es zeigt sich ja, dass auf allen molekularen Organisationsebenen – vom DNS-Protein-Komplex bis zu neurologischen Kontexten – Zeichenprozesse im Sinne von Informationsabläufen und -deutungen eine große Rolle spielen.

4. Rückblick

Im Rückblick auf die hier vorgeführten Beispiele – Selbstorganisation, Selbstdarstellung und Subjekt als Selbst – stellt sich natürlich die Frage, ob das Verhältnis der beiden Sichtweisen „Erklären und Verstehen" über die von Hohlfeld vorgeschlagene Koexistenz hinaus noch weiter geklärt werden kann. Die Dominanz des erklärenden Ansatzes ist in Theorie und Praxis ganz umstritten. Bleibt die Perspektive des Verstehens eine Liebhaberei für sensible Wissenschaftler, die unter ihren Kollegen als „Philosophen" gelten? Gibt es hier die Möglichkeit, eine höhere systematische Verbindlichkeit herzustellen?

Klaus Michael Meyer-Abich hat mit seinem Ansatz der „Mitwissenschaft" das Konzept der teilnehmenden Biologie weitergeführt (Meyer-Abich 1997). Dabei knüpft er an den Gestaltkreis von Viktor von Weizsäcker an und entwickelt den Gedanken des „Mitseins in der Gemeinschaft der Natur" (von Weizsäcker 1997). Der Innsbrucker Zoologe Wolfgang Wieser hat 2007 unter dem Titel „Gehirn und Genom" ein neues „Drehbuch" für die Evolution zu schreiben versucht. Er entwickelt eine dynamisch-ganzheitliche Alternative zu den reduktionistischen Biowissenschaften. Freilich bleibt dieser Ansatz hinter der in diesem Buch vertretenen Unterscheidung zwischen Verstehen und Erklären zurück.

Hinter diesen Anläufen, die man um ein breites Spektrum weiterer Beispiele ergänzen könnte, steht nicht nur das Anliegen, die Engführung des erklärenden Ansatzes zu kritisieren und durch eine integrativ-ganzheitliche Alternative zu ergänzen. Es geht letztendlich dabei auch um die Überlebensfrage. Wird die Dominanz des erklärenden Ansatzes, insbesondere in den Biowissenschaften, nicht letztlich in die Zerstörung führen? Müssen wir Erklären und Verstehen nicht so zusammenführen, dass eine überlebensfähige wissenschaftliche Kultur entsteht?

Der Philosoph Georg Picht hat schon 1979 auf die Differenz zwischen objektiver Erklärung der Natur und ihrer ökologischen Befindlichkeit hingewiesen (vgl. Picht 1979). Im Abstandnehmen und Heraustreten aus der Natur im Verfahren der Objektivierung sieht er das theoretische und existentielle Grundproblem der exakten Naturwissenschaften: „Aber nun kommt heraus, welcher Preis für den Austritt aus der

Natur zu zahlen ist. Es besteht eine unüberbrückbare Antinomie zwischen dem Regelsystem, nach dem sich Wissenschaft logische Konsistenz verschafft, und dem Gefüge eines offenen, sowohl nach außen wie in sich selbst bewegten Ökosystems, das zwischen antinomischen Faktoren wechselnde Gleichgewichte herstellt" (ebd., 66). Die These von Georg Picht besagt, dass das Heraustreten des menschlichen Ichs im Zuge des objektivierenden Erkenntnisverfahrens nicht nur den Menschen isoliert, sondern gleichzeitig auch der Natur Schaden zufügt. Oder in Zuspitzung: „Die Naturwissenschaft ist nicht wahr, denn sie zerstört die Natur."

Können aber dann die Naturwissenschaften zur Lösung der globalen Ökokrise beitragen? Die beschriebene Antinomie zwischen dem definitiven Zugriffsverfahren der Naturwissenschaften und der offenen Dynamik des irdischen Ökosystems bedarf der Reflexion und Vermittlung. Die Ökologie beginnt erst dann zu „blühen", wenn sie als verstehende Naturerkenntnis Teil des irdischen Ökosystems wird: „Ökologie ist die Erkenntnis der spezifischen Maßverhältnisse und Strukturen von Umwelten, die in spezifischen Situationen sich herausgebildet haben oder möglich sind. Humanökologie ist die Erkenntnis davon, wie Menschen innerhalb dieser Umwelten ihren eigenen Oikos so bauen können, daß er die Umwelt, aus der er lebt, nicht zerstört" (Picht 1979, 108).

Eben dieses Anliegen setzt voraus, dass wir den interdisziplinären Diskurs zwischen „Erklären" und „Verstehen" mit einer erhöhten Verbindlichkeit führen müssen. In den inter- und transdisziplinären Diskursen der Nachhaltigkeitsforschung zeichnen sich Möglichkeiten einer praxisrelevanten Verständigung ab.

Literatur

Altner, Günter (2009): Charles Darwin und die Instabilität der Natur. Ein genialer Forscher zwischen den Fronten. Bad Homburg.
Koller, G. (1949): Daten zur Geschichte der Zoologie. Bonn.
Meyer-Abich, Klaus Michael (1997): Praktische Naturphilosophie. Erinnerung an einen vergessenen Traum. München.
Pepperberg, Irene M. (2009): Alex und ich. München.
Picht, Georg (1979): Ist Humanökologie möglich? In: C. Eisenbart (Hrsg.): Humanökologie und Frieden. Stuttgart, 14–124.
Portmann, Adolf (1974): An den Grenzen des Wissens. Vom Beitrag der Biologie zu einem neuen Weltbild. Wien/Düsseldorf.
Schmidt, J.C. (2008): Instabilität in Natur und Wissenschaft. Berlin.
Schwemmer, Oswald (2009): Evolution ist überall. Mit Darwin gegen Determinismus. SZ Nr. 46, S. 13.
Voland, E. (2007): Die Natur des Menschen. Grundkurs Soziobiologie. München.
Von Uexküll, Jakob (1980): Kompositionslehre der Natur. hrsg. u. eingeleitet von v. Uexküll, Th. Frankfurt/M./Berlin/Wien.

Von Weizsäcker, Viktor (1968): Der Gestaltkreis. Theorie der Einheit von Wahrnehmen und Bewegen. 4. Aufl. Stuttgart.
Von Weizsäcker, Viktor (1997): Praktische Naturphilosophie. München.
Wieser, Wolfgang (2007): Gehirn und Genom. Ein neues Drehbuch für die Evolution. München.

Elisabeth List

Neurobiologie und Phänomenologie.
Ein Versuch ihrer Synthese am Beispiel der Analyse des Selbst

Eines der umstrittenen Themen in der Frage nach einem angemessen epistemologischen Zugang zu Phänomenen des Psychischen ist das Thema des Subjekts, des Ich oder des Selbst. Es ist für die Psychologie und die Philosophie des Geistes von zentraler Bedeutung. Umso heftiger und folgenreicher sind die theoretischen und methodologischen Differenzen, die sich an ihm entzünden.

1. Die Kontroverse um Erklärungsmodelle

Die Unstimmigkeiten beginnen mit der Definition der Phänomene und der Probleme, in denen sich jeweils uneinheitliche und augenscheinlich unvereinbare theoretische und erkenntnistheoretische Positionen spiegeln, aber auch verschiedene praktische Standpunkte. Vor der Klärung dieser Positionen ist es deshalb zunächst notwendig, die Erkenntnisinteressen zu benennen, von denen her sich diese Differenzen verstehen lassen.

Das Interesse am Ich, beziehungsweise am Selbst, ist gleichermaßen ein theoretisches, ein praktisches und ein existenzielles. Es erfordert deshalb, einen Weg zu finden, die theoretischen Einsichten der psychologischen und biologischen Forschung auf die Fragen der therapeutischen Praxis und auf die Erfahrung von konkreten Individuen zu beziehen. Nur wenn man alle diese drei Perspektiven berücksichtigt, von denen her sich die Frage nach dem Selbst und dem Ich stellen, ergibt sich eine Sicht der Dinge, die der Sache gerecht wird. Der Hauptstrom der Kognitionswissenschaften und der Neuropsychologie, der sich am Vorbild naturwissenschaftlicher Forschung orientiert, klammert in der Regel die existenzielle Dimension, anders gesagt, die Erste-Person-Perspektive des erfahrenden Subjekts ganz aus und kann deshalb Fragen der Praxis weder stellen noch beantworten. Die Kognitionsforschung hat sich insbesondere von Fragen nach der Rolle des Bewusstseins und nach der Position des Subjekts ganz abgewandt und hat so in der Deutung von Geist und Psyche eine empfindliche Lücke hinterlassen. Diese Lücke zu füllen wäre die Aufgabe einer philosophischen Anthropologie, die ein Bild des Menschen entwickelt, das den neuen Einsichten der Kognitionsforschung und der Neurobiologie Rechnung trägt.

Die Kontroverse zwischen naturwissenschaftlichen und verstehenden Zugängen zu Fragen nach dem Ort des Subjekts oder des Selbst war bislang nicht sehr ergiebig, weil sie die Rolle ihrer pragmatischen Prämissen nicht reflektiert. Sie ist gekennzeichnet von Differenzen bei der Beschreibung der relevanten Sachverhalte, die sich aus der Perspektive der Erfahrung, der naturwissenschaftlichen Forschung und der Praxis wesentlich unterscheiden. Was oder wer ist ein Subjekt oder ein Selbst? Ist es der Repräsentant oder Träger von Erfahrungen, Intentionen und Wünschen von lebendigen Akteuren? Ist es der Akteur selbst? Wie lassen sich Erfahrungen, Intentionen und Wünsche von lebendigen Akteurinnen in einem wissenschaftlichen Kontext einbringen? So, wie die Fragen hier gestellt sind, sind es Fragen des Verstehens, die von der Hermeneutik, der Psychoanalyse und der philosophischen Anthropologie, insbesondere der Phänomenologie auf je verschiedene Weise thematisiert werden. Für einen konsequenten Neurodeterminismus ist alles Psychische in Begriffen der Neurobiologie vollständig beschreibbar und erklärbar. Das Subjekt, seine Wahrnehmungen und Intentionen sind keine Gegenstände seiner Forschung. In der Begründung dieses Erklärungsanspruchs verschleiert und dementiert er, dass seine Beschreibungen des Psychischen trotz ihres erklärten Reduktionismus die Sprache des Alltags gebrauchen und unvermeidlicherweise Elemente zweier Sprechweisen enthalten, die empirisch-experimentelle des Naturwissenschaftlers und ebenso die Sprache der gelebten alltagsweltlichen Erfahrung und ihrer Phänomenologie. So meint der strikte Neurodeterminist, dass man mentale Phänomene allein aus ihrer Verbindung mit Hirnvorgängen erschöpfend erklären kann. Er übersieht, dass er bei der Suche nach materiell-physiologischen Befunden für mentale Ereignisse das Verstehen dieser Ereignisse als mentales Phänomen, das heißt als etwas bewusst Wahrgenommenes oder Erfahrenes, als etwas Verstandenes voraussetzen muss. So sagt Gerhard Roth: „Wenn ich als Neurowissenschaftler bestimmten Aktivitäten der Großhirnrinde bestimmte Bewusstseinszustände zuordne, kann ich dies nur deshalb tun, weil ich Zustände des Denkens, Vorstellens, Erinnerns, Wünschens, Hoffens, der Furcht, des Schmerzes usw. unabhängig von den Kenntnissen der Neurowissenschaften aus dem direkten Erleben heraus und bestätigt durch Berichte anderer Personen kenne" (Roth 2003, 242).

Dennoch vertritt der führende Neurobiologe Wolf Singer die Auffassung, dass „die Gegenstände der traditionellen Geisteswissenschaften, aber auch die der kulturanthropologischen, kulturhistorischen und psychologischen Forschung ausschließlich Erzeugnisse menschlicher Gehirne" (Singer 2000, 341) sind und „nichts anderes als Produkte jener kollektiven Hirnleistungen, die der kulturellen Evolution zu Grunde liegen" (ebd., 342), obwohl er an derselben Stelle betont, dass die höchste Stufe des Bewusstseins sich nur im sozialen Kontext entwickelt und deshalb „den ontologischen Status einer sozialen Realität" habe, dem Selbst deshalb eine soziale und kulturelle Dimension eigen sei. Das „nichts anderes als" seiner reduktionistischen Redeweise im zitierten Satz ist mit seiner eigenen Sicht der Dinge nicht gut vereinbar und ist vermutlich Folge einer problematischen Ontologisierung des Biologischen, des Sozialen und des Kulturellen.

Eine Kritik des Neurodeterminismus leugnet nicht, dass Gehirnvorgänge materielle Prozesse sind. Doch es geht in den Debatten um das Thema meist nicht um Vorgänge im Gehirn, sondern um Phänomene wie religiöse Haltungen oder Gedächtnisleistung, um Bewusstseinsphänomene, die aus der Sicht eines strikten Neurodeterminismus auf materielle Phänomene reduziert werden sollen. Aber solche Phänomene sind keine Gehirnvorgänge. Die Konfusion der beiden Sprechweisen und damit im Zusammenhang die Behauptung ihrer Unvereinbarkeit ist der Grund für die genannten Kontroversen. Es kommt nicht zu Bewusstsein, dass es sich um zwei verschiedene Perspektiven handelt, von denen her die Realität des Psychischen auf je verschiedene Weise zur Darstellung kommt und die für ihr Verstehen beide relevant sind. Was für uns eine religiöse Haltung zu einer religiösen macht, sind die Vorstellungen, der Sinn, den wir mit ihr verbinden. Diese Dimension des Sinns ist für den Neurowissenschaftler nicht von Belang. Ihn interessieren die neurophysiologischen Prozesse, die sich an ihr empirisch und experimentell demonstrieren lassen. Er erklärt Äußerungen bewusster Artikulation von Sinn zu Illusionen, obwohl seine Untersuchungen ihm dazu keine Argumente liefern.

Die nicht reflektierte Verwechslung und Vermengung von neurologischen Befunden und geistigen Phänomenen ist in der Fachliteratur häufig anzutreffen. Bei reduktionistisch argumentierenden Neurophilosophen liegt eine solche Unstimmigkeit bzw. Konfusion vor, wenn sie etwa ganz selbstverständlich davon sprechen, dass „das Hirn denkt". An dieser Redeweise zeigt sich, dass die Neurodeterministen sehr wohl wissen, dass materielle und geistige Prozesse untrennbar verbunden sind, obwohl sie zugleich die Realität des Geistigen bestreiten. Wie diese Verbindung zustande kommt, bleibt noch zu klären.

2. Der Streit um Willensfreiheit

Einen guten Anlass dafür bietet der Streit um Willensfreiheit. Die Kritik am Neurodeterminismus, etwa an der Behauptung, dass der freie Wille längst neurowissenschaftlich erklärt, oder besser, „wegerklärt" sei, ist berechtigt. Denn wogegen sich zum Beispiel die Argumente der empirisch arbeitenden Neuropsychologie wenden, ist nicht, dass sich unsere bewussten Entscheidungen in einem Spielraum von Freiheit bewegen, sondern die Annahme einer mysteriösen inneren Instanz eines „freien Willens" jenseits der empirisch nachweisbaren neuropsychischen Mechanismen, die „von außen" kausal steuernd in das Verhalten von Menschen eingreift. Nicht bestritten wird die Fähigkeit von Menschen, nach Wünschen und Wollen in ihrem Handeln zu entscheiden.

Die moderne Kognitionsforschung setzt sich kritisch mit dieser Annahme eines „freien Willens" auseinander, eines inneren Akteurs, der Handlungen verursacht, herbeiführt. Diese Annahme sei selbst etwas, was für den Neuropsychologen der Erklärung bedürftig und auch fähig ist (vgl. Wegner 2005).

Daniel Wegner argumentiert, dass solche Annahmen im Alltag regelmäßig gemacht werden und zeigt, welcher Art die psychischen Prozesse sind, die zu dieser Annahme führen (vgl. ebd., 27): Wir haben reichlich Erfahrung davon, dass wir unsere Handlungen kontrollieren, und deshalb schließen wir, dass wir es auch sind, die unsere Handlungen kontrollieren.

Tatsächlich aber lassen sich die meisten unserer Handlungen ohne Rekurs auf einen „freien Willen" beschreiben und erklären. Es gibt aber bestimmte mentale Mechanismen, die die Idee eines inneren Kontrolleurs – eines „freien Willens" – entstehen lassen. Wegener belegt mit einer Reihe von Experimenten, dass, wenn mehrere Momente – eine Vorstellung oder ein Gedanke, ein passender Zeitpunkt und der richtige Kontext – mit einer Handlung verbunden sind, die starke Suggestion der Urheberschaft und Autorschaft an dieser Handlung entsteht. Das sei jedoch nicht kausale Verursachung, sondern dieser Eindruck entsteht, wenn Handlung und Vorstellung gedanklich in Zusammenhang (man könnte sagen: in einen Bedeutungszusammenhang) gebracht werden. Wegners Schlussfolgerung: Die damit verbundene Idee des freien Willens ist ein mentales Konstrukt und nicht ein „homunculus", eine innere Instanz, die die Handlung hervorbringt (vgl. ebd., 20). Es sind mentale Mechanismen, die die Idee des freien Willens und eines agierenden Selbst in der Person hervorbringen – der „Kontrolleur" der kontrollierten Prozesse ist etwas, was durch diese Prozesse selbst entsteht. Es ist ein geistiges Phänomen, weil er in der Vorstellung existiert.

Es handelt sich dabei um bewusste Vorgänge, die sich empirisch gut belegen lassen, die den Eindruck erzeugen, es müsse diese innere Instanz geben, die diese bewussten Vorgänge kontrolliert. Aber wer, oder besser was ist es tatsächlich, das diese kontrollierten Prozesse hervorbringt und kontrolliert? Die Antwort für Wegner: Es sind automatische unbewusste Überwachungs- und Kontrollmechanismen, lokalisiert in den motorischen Programmen des Kleinhirns, die in der Lage sind, den Input von Informationen aus der Umwelt ohne Einschaltung des Bewusstseins zu verarbeiten (vgl. Bargh 2005).

Es sei zwar nicht so, dass wir Computer, gut konstruierte Automaten sind, aber die Annahme des freien Willens als einer inneren Instanz, die menschliches Verhalten steuert, ist eine Fiktion. Eine Fiktion, so muss man hinzufügen, die für die Ökologie des Bewusstseins eine zentrale Rolle spielt. Die Annahme eines „homunculus" als Akteur im Inneren führe, so Wegner, in einen Regress. Dennoch lässt sich diese aus der Sicht des Neurowissenschaftlers „irrige" Behauptung als Beleg dafür lesen, dass jede Beschreibung menschlichen Verhaltens notwendig mehr enthält als die Beschreibung kausaler Mechanismen oder Hirnfunktionen. Die innere Instanz bewusster Steuerung gibt es zwar als Element von empirisch fassbaren Kausalketten nicht. Aber sie ist offenbar allgegenwärtig in unseren Beschreibungen dessen, was wir tun. Es ist eine Fiktion aus der Sicht der Naturwissenschaft, aber für die symbolische Ordnung unserer Erfahrungswelt unverzichtbar. Es zeigt sich also, dass in konkreten Fällen der Beschreibung von Handlungen unweigerlich beide Redeweisen zusammen in Anspruch genommen werden.

3. Selbst und Subjekt in der Ordnung des Symbolischen

Die menschliche Erfahrungswelt ist wesentlich perspektivisch geordnet, bezogen auf die Situation eines Hier und Jetzt, dem Mittelpunkt des Handelns. Wir müssen in der Lage sein, diesen Ort zu bestimmen, und dazu braucht man einen Namen, einen Begriff, um ihn zu benennen. Die Begriffe „Ich" oder „Subjekt" erfüllen genau diese Funktion. Diese Begriffe oder Namen bezeichnen nichts in der Welt der experimentellen Dinge der naturwissenschaftlichen Forschung, sondern haben ihren Ort in der Welt der Bedeutungen, der Vorstellungen, in unserem Ideenhaushalt, im Bereich des Virtuellen jedenfalls. Und sie sprechen nicht von der Realität, wie sie der Naturwissenschaftler als die Welt seiner experimentellen Anordnungen von Objekten wahrnimmt, sondern von der menschlichen Lebens- und Handlungswelt, von der menschlichen Erfahrung. Diese Realität gehört zum guten Teil in die Welt des Geistigen oder, anders gesagt, in die Welt des Imaginären und Virtuellen. Vorstellungen vom Selbst (oder Subjekt) sind ein zentraler Bestandteil unserer Vorstellungs- und Erfahrungswelt, der Bedeutungen, die wir unserem Tun geben, und hier, als Bilder vom Selbst und seinem Handeln in der Welt, sind sie unverzichtbar. Auch Begriffe des Subjekts der Philosophie sind von dieser Art. Auch Kants „intelligibles Ich" ist von dieser Art. Kant nahm an, dass unser Ich uns nur als „intelligibles Ich" fassbar ist, aber das Bild von unserem Selbst als „empirisches Ich" enthält mehr als „intelligible" Vernunftbestimmungen (vgl. Kant 1968, 123–24).

Die Welt der experimentellen Dinge und die Welt der menschlichen Erfahrungen sind das Ergebnis zweier koexistierender Sichtweisen von menschlicher Wirklichkeit. Beide sind Interpretationen dieser Wirklichkeit. Man könnte sie vom Standpunkt der beschreibenden Wissenschaftsforschung friedlich koexistieren lassen, gäbe es nicht den Erklärungsanspruch der Hirnforschung, die Welt des Bewusstseins restlos erklären zu wollen. Und in der Phänomenologie andererseits wurde oft der Anspruch erhoben, dass die Objekte der Neurobiologie durch subjektive Wahrnehmungs- und Erkenntnisleistungen der Intentionalität von erkennenden Subjekten allein konstituiert werden.

Die sorgfältige phänomenologische Analyse von Prozessen des Handelns bestätigt zwar den Befund, dass das Ich in die Welt der Vorstellungen gehört, sie zeigt aber auch, ganz wie die Neurobiologie belegt, dass der Zustand des Bewusstseins, das „bewusst sein", nicht als etwas von der konkreten, leibhaftigen Existenz Unabhängiges verstanden werden kann. Die Phänomenologie hat sich mittlerweile von Husserls „Egologie", vom Phantasma des „reinen Ich" befreit. So beschreibt Merleau-Ponty (1965) Phänomene der Wahrnehmung als inkarnierte und situierte Vorgänge des Bewusstseins. Alles Denken, Wahrnehmen, alle Äußerungen des Bewusstseins sind für ihn solche inkarnierte, situierte Phänomene, die sich in der lebendigen Auseinandersetzung des lebendigen Subjekts mit seiner Umwelt manifestieren. Mentale Vorgänge, das ergibt sich daraus, sind nur in ihrer Bezogenheit auf den gelebten Körper und seine Bewegungen in der Umwelt verstehbar. Sie sind wesentlich „verkörperte" Phänomene. Die metatheoretisch vorgenommene Trennung der beiden Perspektiven lässt sich im Konkreten nicht aufrechterhalten, denn die Befunde der Inkarniertheit, der „Verkörpertheit", der Körperbezug der Leistungen des Bewusstseins lassen sich nicht leugnen.

4. Die Praxis des Wissenschaftlers – situiert und „in Aktion"

Ähnliches gilt auch für die Position der Wissenschaftlerin selbst, sei sie Geistes- oder Naturwissenschaftlerin. Auch ihr Tun ist nichts, was sich allein im Bereich des Virtuellen, der geistigen Welt ihrer Theorien bewegt. Es folgt einem Handlungsmodell, nicht bloß einem Denkmodell. Wissenschaftlerinnen orientieren sich an der Pragmatik ihres Handlungsfelds mit seinen Intentionen und Motivationen. Die Pragmatik der Naturwissenschaften ist eine Pragmatik des Herstellens. Der Naturwissenschaftler ist geleitet vom Interesse an Intervention, für die seine eigenen Intentionen, die sich ganz und gar nicht auf Materielles reduzieren lassen, eine entscheidende Rolle spielen. Er greift ganz konkret in die Prozesse ein, die er untersucht. Der forschende Naturwissenschaftler blendet dabei zugleich seine Involviertheit als Teilnehmer, seine eigene Rolle als Akteur völlig aus. Das ist der Grund für die Spaltung, die mehr als ein Jahrhundert lang die Beziehung zwischen Natur- und Geisteswissenschaften störte und belastete. Sie verstellte den Blick darauf, dass sowohl das Tun des Wissenschaftlers wie das des Einzelnen im Alltag zwei Perspektiven voraussetzen und verbinden – die der Beobachtung von außen und die Perspektive „von innen", die Perspektive als Akteur, oder anders gesagt, aus einem objektiven und einem subjektiven Blickwinkel. Die Kontroverse zwischen Natur- und Geisteswissenschaften war eine um das Primat von Objektivität oder Subjektivität als Erkenntnisprinzip. Dieser Streit um die erkenntnistheoretischen Grundlagen von Natur- und Geisteswissenschaften bestimmte auch den Methodenstreit um Erklären versus Verstehen, der die Naturwissenschaften von den Geisteswissenschaften trennte.

5. Hybridität

Rainer Hohlfelds These vom hybriden Charakter der Humanwissenschaften besagt, dass beide Perspektiven, die des Natur- und die des Geisteswissenschaftlers, für die Humanwissenschaften unverzichtbar sind. Deshalb sei die Behauptung, das Kausalmodell sei ein universelles Modell, schlechte Metaphysik.[1] Denn in den Erklärungen der Humanwissenschaften wirken Beobachterstandpunkt und Teilnehmerperspektive immer zusammen. Auch das Kausalmodell ist konzipiert in einer Teilnehmerperspektive, allerdings in der Perspektive eines Akteurs, der seine Gegenstände auf ihren Objektcharakter reduziert – der Perspektive des objektivistischen Psychologen und Humanwissenschaftlers. Der Wissenschaftler, die Wissenschaftlerin ist nicht nur als Beobachter/in, sondern auch als Teilnehmer/in in der Situation der Forschung präsent. Wenn sich Neurowissenschaftler als Deterministen verstehen und präsentieren, so tun sie es ungeachtet dessen, dass sie in ihren Analysen die Alltagssprache verwenden, in der die beiden Sichtweisen immer schon vermischt sind. Denn ohne die intentionale Sprache des hermeneutischen Modells können auch sie keine Aussage über menschliches Handeln formulieren. Das ist etwas, was dem Neurowissenschaftler in seiner Forschungspraxis in der Regel nicht bewusst ist, und die sich daraus ergebende Konfusion der beiden theoretischen Perspektiven kann nur überwunden werden, indem man sich bewusst und programmatisch auf ihre Verbindung einlässt, Theorien menschlichen Verhaltens und Bewusstseins wesentlich als Mischform beider Erkenntnisweisen versteht.[2]

Es geht also nicht darum, die gesamten Neurowissenschaften in Frage zu stellen. Das wäre weit über das Ziel geschossen. Die Neurowissenschaften sind einfach zu wichtig, um nicht ernst genommen zu werden. Was aber tatsächlich kritisiert werden muss, ist ein neurodeterministischer Szientismus, der alle Neurowissenschaft auf Kausalmodelle reduzieren will. Szientismus ist nicht Wissenschaft, sondern eine phi-

---
1 Siehe Rainer Hohlfeld in diesem Band.
2 Vgl. ebd.

losophische Doktrin. Und es ist übrigens keineswegs der Standpunkt aller Neurowissenschaftler. Es ist sicher nicht der Standpunkt etwa des Neurowissenschaftlers Antonio Damasio, der in seinen Schriften mit größter Selbstverständlichkeit von hermeneutischen Konzepten Gebrauch macht und sie bewusst in seine Theorie zur Entstehung von Bewusstsein und Strukturen des Selbst einführt (vgl. Damasio 2000a). Für Damasio ist jede neurowissenschaftliche Analyse von Bewusstsein und Selbst unzulänglich, die das Entstehen von Subjektivität, das heißt der Ich- oder Erste-Person-Perspektive, unerklärt lässt und es dabei bewenden lässt, das Selbst zur Illusion zu erklären.

6. Das Wechselspiel von Physischem und Psychischen und das Programm der Neurophänomenologie

Als Empfehlung für die Neurowissenschaften reicht es nicht aus, die Koexistenz von Kausalerklärung und Sinnverstehen zu fordern oder zu konstatieren. Es muss darüber hinaus gezeigt werden, dass die beiden Sichtweisen mentaler Phänomene nicht nur koexistieren, sondern in systematischer Weise miteinander verbunden sind, und vor allem müsste verstanden werden, wie sie zusammenhängen. All das berührt die Frage nach der Emergenz von Bewusstsein, der Entstehung des Psychischen aus dem Physischen, eine Frage, die nicht allein mit hermeneutischen Mitteln beantwortet werden kann, sondern die naturwissenschaftliche Perspektive einbeziehen muss (vgl. Damasio 2000b, 324).

Sie harrt freilich noch einer schlüssigen theoretischen Antwort. Doch sie stellt sich in der Praxis des medizinischen Alltags immer wieder ganz konkret. Etwa dem Neurologen und dem Neuropathologen, der feststellt, wie die Störungen bestimmter Hirnregionen zu bestimmten mentalen Ausfällen führen. Hier wird die Wechselwirkung von Physischem und Mentalem, von Erklären und Verstehen zum vordringlichen Thema.

Eine Demonstration der Wiedervereinigung der Standpunkte des naturwissenschaftlichen Erklärens und des Verstehens liefern die Schriften von Francisco Varela und seines Schülers Evan Thompson. Thompson stellt der Darstellung des theoretischen Programms der Kognitionswissenschaften eine Skizze ihrer Geschichte voran. Er stellt fest, dass ihre erste theoretische Option, das Computermodell des Geistes, auf einer unbedachten Übertragung eines kulturwissenschaftlichen Modells auf die Psychologie beruht (vgl. Thompson 2007, 8).

Das ursprüngliche Modell eines Computers war nämlich eine konkrete Person – der Physiker oder Mathematiker, der mit Hand und Augen, mit Feder und Papier Symbole manipuliert – als eine spezifische kulturelle Form menschlicher Aktivität, eine konkrete verkörperte Aktivität, die nicht nur kognitive Aspekte hat, sondern auch Umweltbezug. Statt zu sehen, dass ihr Computing-Modell die abstrakten Eigenschaften eines soziokulturellen Systems abbildet, projizierte die Kognitionswissenschaft dieses Computermodell des Geistes auf das Gehirn. So entstand die Idee vom Geist als Computer im Kopf. Die Kluft, die sich damit zwischen dem Hirn als Computer und den Bewusstseinsphänomenen auftat, entsteht offenbar daraus, dass die historische Herkunft dieses Modells in Vergessenheit geraten ist. Auch die nächste Phase des Kognitivismus, der Konnektivismus, habe diese Kluft nicht schließen können (vgl. Levine 1983). In einem dritten Schritt theoretischer Entwicklung formierte sich schließlich in den Kognitionswissenschaften der Ansatz des „embodied dynamism" auf der Basis der Einsicht, dass Kognition ein kunstvolles know-how in situierten und körperlichen Handlungen ist, und nicht ein von Emotion und Bewegung losgelöstes Geschehen. Dieses Modell ist für Thompson ein erster Schritt über den Hirn-Geist-Dualismus hinaus (vgl. Thompson 2007, 12).

Dann wurde diese Einsicht bei Varela, Rosch und Thompson weiter entwickelt auf der Basis von Ideen, die von der Tradition der Phänomenologie, vor allem durch Merleau-Ponty, angeregt wurden (vgl. Varela/Thompson/Rosch 1991). Die Dynamik verkörperten Handelns wird durch mehrere Überlegungen verbunden mit den Phänomenen von Subjektivität und Erfahrung: Erstens durch die Idee, dass lebende Wesen autonome Akteure sind, zweitens, dass das Nervensystem ein autonomes dynamisches System darstellt, das Informationen verarbeitet, dass drittens Kognition eine situierte und verkörperte Aktivität ist, viertens, dass die Welt dieser Akteure nicht eine vorgegebene externe Realität ist, sondern erst hervorgebracht wird durch eben diese Aktivitäten, und dass schließlich fünftens bewusste Erfahrung kein Epiphänomen ist, sondern einer systematischen Erforschung durch eine phänomenologische Analyse bedarf. Alle Themen einer Theorie des Subjekts, oder wie man besser sagen sollte, einer Theorie des Selbst erscheinen damit in einem neuen Licht, insbesondere die Vorstellung vom Handeln. Die Aktivität des Organismus, verstanden als seine Spontaneität und Selbstbewegung in Auseinandersetzung mit der Umwelt, erlaubt zu sagen, dass wesentliche Voraussetzungen für Subjektivität in der Organisation des Lebendigen angelegt sind, insbesondere auch für Handlungsfähigkeit. Alle diese prädiskursiven Momente des Selbst sind Momente der Bewegung, sie haben Aktcharakter, ontologisch gesagt, sie sind nicht Entitäten, sondern Prozesse (vgl. List 2009, 58). Diese prädiskursiven Momente des Selbst und des Subjekts sind deshalb weder der substantialistisch gefassten Sphäre des Geistigen noch der des Materiellen zuordenbar. Es sind diese prädiskursiv gegebenen und begrifflich nicht einholbaren Momente des Selbst, aus denen sich im soziokulturellen Medium von Symbol und Sprache die Bilder und Namen für Selbst und Subjekt formen. Es sind Manifestationen des Lebendigen, und zugleich Vorstufen des Geistigen. Der Begriff des Lebendigen ist deshalb die Grundkategorie, von der her ein Bild des Menschen jenseits des Dualismus von Geist und Körper gedacht werden kann.

Varelas und Thompsons Vorhaben, eine neurophänomenologische Sicht von Geist und Bewusstsein zu schaffen, ist ein revolutionäres Unternehmen. Es erfordert, sowohl die Neurobiologie als auch die Phänomenologie neu und so zu entwickeln, dass die angenommene Konvergenz der beiden Sichtweisen zwingend belegt werden kann. Denn damit ließe sich die Erklärungslücke zwischen naturwissenschaftlichen und phänomenologisch verstehenden Zugängen zu Kognition und Bewusstsein schließen. Es ist das Vorhaben, die Aussagen der Kognitionswissenschaften, die eine externalistische Perspektive einnehmen und dem Prinzip der Objektivität folgen, mit einer Analyse subjektiver Erfahrung aus der Perspektive des erfahrenden Subjekts „kurzzuschließen". Eine geeignete Methode der Analyse von Erfahrung findet Varela in Husserls Verfahren der *phänomenologischen Reduktion*. Varela teilt mit John Searle, einem der einflußreichen Vertreter der *philosophy of mind*, die Überzeugung, dass die Phänomene des Bewusstseins und der subjektiven Erfahrung nicht reduzierbar sind auf objektive Befunde der Kognitionsforschung. Searle hat allerdings keine Lösung für die Frage, wie man die beiden Analyseperspektiven verbinden könnte. Das Verfahren der phänomenologischen Reduktion bietet für Varela dazu die Möglichkeit. Varela führt einige Beispiele an, um das zu illustrieren, zum Beispiel die Analyse von Aufmerksamkeit. Die Hirnforschung liefert zum Phänomen der Aufmerksamkeit interessante Befunde, aber sie bleiben unvollständig, solange sie nicht durch eine systematische Betrachtung der Prozesse des Erfahrungsbewusstseins ergänzt werden. Eine Neurophänomenologie soll die Phänomene von Erfahrung und Bewusstsein nicht nur beschreiben und analysieren, sondern sie in Beziehung setzen zu den Aussagen der Biologie und der Kognitionswissenschaften (vgl. Thompson 2007, 14). Sie versucht zu zeigen, wie die subjektive Perspektive der Erfahrung sich mit der objektiven Wahrnehmungsweise überkreuzt und durchdringt. Genau in dieser Zone der Überschneidung von Subjektivem und Objektivem findet sich das Psychische, der Geist. Psychisches Gewahrsein seiner selbst und die Vergegenwärtigung von etwas anderem als man selbst sind die Fähigkeiten, die diese Überschneidung ermöglichen. Die beiden in der theoretischen Analyse und ihrer metatheoretischen Rekonstruktion getrennten Perspektiven sind in den Prozessen des Lebens, des Wahrnehmens und Denkens zwei untrennbar aufeinander bezogene Pole.

7. „Das Subjekt vor dem Cogito" – die Genese des Selbst aus dem Körper

Im Folgenden soll versucht werden, das Wechselspiel philosophisch-phänomenologischer und empirischer Sichtweisen am Beispiel der Genese des Selbst zu illustrieren, in phänomenologischer Sprache gesagt, an der Wechselwirkung und untrennbaren Einheit von Leibsein und Selbstsein.

Der traditionelle Subjektbegriff ist zutiefst dualistisch, gedacht als rein hermeneutisches Konzept gegenüber einem als bloße Materialität gefassten Körper. Da der Begriff des Subjekts noch immer mit mentalistischen Konnotationen besetzt ist, wird im Weiteren nicht vom Subjekt die Rede sein, sondern vom Selbst. Es ist das Selbst, und nicht ein abstraktes Subjekt, das für die Deutung von konkreten Problemsituationen von Belang ist. Man denke konkret an einen kranken Menschen oder an einen Behinderten. Ihr Selbst, das ist nicht ein abstraktes Etwas „gegenüber" seinem Körper, sondern findet sich perspektivisch bezogen auf seinen Leib, wobei sich die Erfahrung des Leibseins immer schon im Medium des Symbolischen artikuliert.

Die folgende Analyse des Selbst geht von unseren Erfahrungen des Lebendigseins aus, die die epistemologische Basis aller Erfahrung bildet. „Selbst" sein und „Leib sein" sind untrennbar verbundene Weisen des Lebendigseins. Das Lebendige ist das zentrale Thema der Biologie – oder sollte es zumindest sein. Das organisch Lebendige gäbe es nicht ohne sein materiales Substrat, ohne einen Körper. Lebendigsein ist aber mehr als bloß materiales Körper-Sein, denn die Erfahrung des Lebendigseins birgt ein Moment von Intentionalität in sich, das in der Phylogenese in Gestalt des Körperselbst erscheint, aus dem sich über viele Schritte der Entwicklung vom Einzeller bis zum Wesen Mensch die komplexen Strukturen und Prozesse des Bewusstseins herausbilden. Mit anderen Worten heißt das, dass geistige Prozesse und Phänomene nicht „vom Himmel fallen" und auch nicht auf irgendeine andere mysteriöse Weise entstehen. Sie entwickeln sich vielmehr im Prozess der Evolution aus dem Organisch-Körperlichen. Gemeinsam ist deshalb allen diesen Phänomenen ihre Leibgebundenheit.

Das allem Bewusstsein vorgängige Phänomen, an dem sich Intentionalität als Potential des Lebendigen ankündigt, ist Bewegung. Spontane Selbstbewegung als Grundmerkmal alles (biologisch) Lebendigen ist die erste leibliche Manifestation von aktivem Weltbezug, wie neben Viktor von Weizsäcker (1973) vor allem Merleau-Ponty (1965) unterstreicht. Die sich darin äußernde Gerichtetheit auf die Welt ist in ihrer Grundstruktur (vorbewusste) Intentionalität. Das Lebendige entzieht sich dem traditionellen Körper-Geist-Dualismus, es ist nicht die bloße Koexistenz von Mentalem und Physischem als für sich selbst stehende Substanzen. Was das Lebendige ontologisch auszeichnet, ist wie gesagt sein *Prozess- und Aktcharakter* diesseits aller Differenzen von Materiell-Biologischem und Geistig-Psychischem. Es sind Prozesse des Lebens, die bewusstseinsfähig werden. Im Medium der Sprache und des Symbols werden sie zum Leib, zu unserem Leib, über den wir mit zwei verschiedenen Sprachen sprechen können und es auch sollen, wenn wir das, was Leib-Sein heißt, verstehen wollen. Es ist eben so, dass der Leib uns sowohl als materiell physiologisches als auch als mental-bewusstes Phänomen gegeben ist. Plessner (1981) spricht deshalb vom Doppel-Aspekt der Verfassung des Menschlichen. In einem Satz gesagt: Wir haben einen Körper, den wir als Objekt wahrnehmen können, aber wir sind zugleich dieser Körper, positional an ihn gebunden als unseren Leib. Die Erfahrung des Leibseins ist Manifestation von Subjekthaftigkeit und Gegenständlichkeit zugleich. Sobald wir unseren Körper als Objekt neben anderen wahrnehmen können, sind wir zu unserem Leib-Sein in Distanz, zur Gewissheit, dieser Körper selbst zu sein. Der zentrale Begriff Plessners, Positionalität, bezeichnet bei Plessner die Eigenheit des Lebendigen, von sich aus ein tätiges Verhältnis zu seiner eigenen Grenze und zur Umwelt zu erhalten. Aus dem Grundsachverhalt von Positionalität entwickelt sich Plessner zufolge evolutionär die Fähigkeit zur exzentrischen Positionalität, die mit der Emergenz des Selbst auf der Ebene symbolischen Bewusstseins gegeben ist. Das Selbst, das zu Bewusstsein kommt, erfährt sich exzentrisch positional in Bezug auf seinen Körper, aber es ist schon geformt durch den sozialen Kontext, durch die Symbole und die Namen, in dem es sich in diesem Kontext darstellt.

Die Struktur dieses Selbst lässt sich jedoch nur aus seiner leiblich-körperlichen Herkunft verstehen. Dazu einige Überlegungen von Shaun Gallagher (2005): Das, was wir bewusst erfahren, ist wesentlich geprägt durch das bei der Geburt vorgegebene vorbewusste Körperschema als dem Zentrum des organischen Funktionierens des eigenen Körpers, einer Funktionseinheit von Bewegungs- und Wahrnehmungsmustern. Diese Muster sind auf der untersten Ebene zu verstehen als neurologische Muster. Auf der Basis dieses vorbewussten Funktionszusammenhangs formt sich durch Lernen und Symbolisierung auf der Ebene des Bewusstseins unser Körperbild. Auch der bewusst wahrgenommene Leib ist auf dieser Ebene des Körperbildes anzusiedeln. Körperschema und Körperbild – und Gallagher legt größten Wert auf diese Unterscheidung – beeinflussen sich gegenseitig. Das Körperschema als vorbewusster Funktionszusammenhang ist aber gegenüber allen Bildern das Primäre.

Dieses vorbewusste Körperselbst ist das, das wir als Kern unserer Existenz leben und erleben, wenn es ins Bewusstsein dringt. Da das Körperschema als neurobiologischer Funktionszusammenhang normalerweise reibungslos funktioniert, erleben wir uns als Einheit. Diese Einheit wird gefühlt, als Wohlgefühl, als das Gefühl, ganz eins, ganz bei sich zu sein. Neben diesem Fühlen des Einsseins vermittelt das Körperschema auch das elementare Gewahrsein eines Selbst, das aus dem Kernbewusstsein eines „Protoselbst" in Gestalt einer neurologischen Repräsentation im Prozess der soziokulturellen Evolution bewusst wird (vgl. Damasio 200a, 204–215). Das gefühlte Einssein ist der Ursprung des gewahrten Selbst, das sich zu einer symbolischen Form transformiert, die nun auf der Ebene des Vorgestellten, des Virtuellen angesiedelt ist. Dieses Selbst ist kein realer Bestandteil der Außenwelt der empirischen Forschung wie der Körper, sondern eine symbolische Struktur, die aus dem Bereich des Unbewussten entsteht und über die Vermittlung von Gefühlen in das Imaginäre, das Bildliche Eingang findet und durch die Vermittlung des Symbolischen und der Sprache zu Bewusstsein kommt. Und dennoch bleibt es gebunden an die Materialität seines Körpers, der in der Perspektive empirischer Forschung als Objekt analysiert wird.

Auf diese Weise wird zunächst aus dem Körperschema ein Körperselbst auf der Basis elementarer neurobiologischer Gegebenheiten, wie sie von Damasio, von Evan Thompson (2007) und Francisco Varela eingehend beschrieben werden (vgl. Varela/Thompson/Rosch 1991). Das ist etwas, was man „Subjekt vor dem Cogito" nennen kann (List 2001, 65). In diesem Zusammenhang stellt sich die Frage, auf welche Weise das „Protoselbst", das sich in neuroanatomischen und neurostrukturellen Formen manifestiert, auf der Ebene des Bewusstseins und im Medium des Symbols und der Sprache die Gestalt eines expliziten Selbst annimmt und zu dem wird, was wir als unser Selbst erleben. Diese Frage zu beantworten, ist nicht mehr Sache der Neurophysiologie, sondern der Kulturwissenschaften. Das zeigen die Studien von Mark Johnson und George Lakoff (1980), die belegen, wie auf der Basis von körperlichen Erfahrungen und ihrer metaphorischen Projektionen die Bilder und Begriffe der Sprache entstehen.

Der Prozess der metaphorischen Projektion, auf dem der Vorgang der Semiose, der Generierung von Bedeutungen beruht, so die These von Lakoff und Johnson, geht aus von bestimmten leibgebundenen Deutungsschemata, und zwar sehr häufig von sensomotorischen Schemata. In seinem Buch *The Body in the Mind* benennt Johnson (1987) eine Reihe solcher Vorstellungsschemata, die den Prozessen sprachlicher Sinngenerierung zugrunde liegen. Es sind im Wesentlichen Vorstellungsschemata und Muster von Aktivitätsabläufen.

Es sind leibgebundene kognitive Strukturen von Aktivitäten, die unsere Erfahrung ordnen, als leibgebunden und zugleich symbolisch vermittelt, und gerade das ist für ein angemessenes Verständnis von spezifisch menschlichen Verstehensleistungen wesentlich. Ihre metaphorische Projektion auf den Bereich psychischer Erfahrungen und intersubjektiver Beziehungen ist so offenkundig, ja so selbstverständlich, dass uns nicht mehr bewusst ist, in welchem Maß Bilder, die aus der Erfahrung physisch-körperlichen Tätigseins stammen, Vorstellungen von affektiven Befindlichkeiten wie Angst und Begehren, und besonders auch Vorstellungen von sozialen Beziehungen prägen. Ein gutes Beispiel dafür ist das Wort „gehen" als Bezeichnung für die aufrechte Form der Bewegung im Raum. Durch metaphorische Projektion nimmt es neue Bedeutungen an, indem seine ursprüngliche Bedeutung auf Räume übertragen wird, die außerhalb realer Gehweite liegen, oder auf soziale Räume, zum Beispiel auf Paarbeziehungen („Sie geht mit ihm") und schließlich auf den Bereich des Geistig-Begrifflichen („es geht mir nicht aus dem Kopf"). Gerade weil leibgebundene Vorstellungsschemata keine präpositional-begrifflich differenzierte Subjekt-Objekt-Struktur haben, eignen sie sich dazu, auf eine unbegrenzte Anzahl von Erfahrungen, Wahrnehmungen und Vorgängen der Verbildlichung und Symbolisierung von Objekten und Ereignissen projiziert zu werden (vgl. List 2009, 68f.). Das Thema, das damit angesprochen wird, nämlich die Frage nach dem Hervorgehen des Symbolischen aus dem Prädiskursiven, und damit verbunden die Frage nach der Emergenz des Bewusstseins aus dem Unbewussten, ist damit nicht erschöpfend beantwortet. Aber die Genese des Selbst aus dem Körperschema und dem Körperselbst und seiner Symbolisierung durch Kultur sind ein gutes Beispiel für die Konvergenz der beiden Sichtweisen, der psychologischen bzw. neurowissenschaftlichen Kausalanalyse und der kulturellen Konstruktion des Selbst im Medium von Sprache und Symbol.

Eine hermeneutische Rekonstruktion dieses Prozesses der symbolischen Konstruktion des Selbst müsste ausgehen von der Frage, wann und warum das Selbst zu

Bewusstsein kommt, wann und warum es aus dem Horizont des Nichtreflektierten heraustritt und zum Gegenstand der Aufmerksamkeit wird. Voraussetzung dafür ist die soziale Lebensform. Dass die Entstehung des Selbst in der Begegnung und Auseinandersetzung mit dem Anderen im Raum der Kultur geschieht, belegt die Psychoanalyse, die auch darauf verweist, dass diese Auseinandersetzung durch die Dynamik des Emotionalen bestimmt wird. Doch diese Vorgänge sind immer schon der Ordnung der Kultur und des Symbolischen unterworfen. Die Regeln und Deutungsmuster, die diese Ordnung vorgibt, fungieren als Filter, die entscheiden, was von den Erfahrungen des Lebendigseins, die aller Begriffsbildung und sozialer Kontrolle vorausgehen, in das Bild des Selbst eingeht. Diese Filter verfestigen sich zu Bildern vom Selbst, die durch die symbolische Ordnung der Kultur tradiert, normiert, sanktioniert werden. Diese Bilder suggerieren eine Einheit, die in den gelebten Erfahrungen, aber nicht als empirische Tatsache vorfindbar ist. Sie sind eine Realität eigener Art, sie sind grundlegend für die Ordnung der menschlichen Erfahrungswelt, die auf der Ebene des Symbols und damit des Verstehens in Erscheinung tritt. Sie sind die elementare Voraussetzung dafür, dass wir fragen können, wer wir sind. Die symbolische Ordnung der Kultur ist von anderer Art als die Ordnung von Naturgesetzen. Sie ist es jedenfalls, die uns unseren Ort in der Welt zu bestimmen erlaubt, unseren Ort und den der anderen und wir können ihn auch ändern, solange wir Zugang haben zu unseren Energien von Spontaneität und Lebendigkeit im Prädiskursiven. So wie die Bilder vom Selbst sind auch unsere Weltbilder symbolische Konstrukte, die wir durch unser Reden und Tun selbst hervorbringen.

Mit anderen Worten: Das Symbolische und das Prädiskursive, Bewusstes und Unbewusstes gleichermaßen bestimmen die Struktur menschlichen Denkens und Verhaltens. Doch das Selbst als bewusstes gehört in die Sphäre des Symbolischen und lässt sich nicht in Kausalitäten fassen. Wenn es aus der Analyse des Mentalen ausgeblendet wird, bleibt die gelebte Erfahrung ein Rätsel. Der externalistische Blick der empirischen Forschung kann die Randbedingungen bewussten Erlebens beleuchten, aber nur, wenn er die Perspektive der Erfahrung aus der Perspektive des erlebenden Subjekts systematisch mit einbezieht. Anhand von empirischen Forschungen versuchen Neurowissenschaftler in Anschluss an Varelas Programm, die kausalen Wechselwirkungen zwischen bewussten Erfahrungen und neuronalen Prozessen und Ereignissen im Einzelnen nachzuweisen, so in einer Studie über Epilepsie (vgl. Le Van Ouyen/Petitmengin 2002).

Die Entscheidung, welche der beiden Perspektiven – die Perspektive von innen, die Perspektive der subjektiven Erfahrung oder die objektive Perspektive von außen – jeweils mehr Gewicht hat, ist keine ontologische oder epistemologische, sondern eine Frage der Pragmatik, die Frage nach den konkreten Zielen, denen ein Stück theoretischer Arbeit am Bewusstsein dient. Das Ziel der vorangegangenen Überlegungen war es zum Beispiel, die Übergangszonen zwischen dem Physisch-Physiologischen und dem Psychischen zu beleuchten und daraus Konsequenzen zu ziehen für die Angemessenheit ihrer Analyse und die Voraussetzungen einer philosophischen Anthropologie. Dabei sollte klar geworden sein, dass auch das Vertreten einer externen Perspektive eines Beobachters von außen, also der Standpunkt des Wissenschaftlers, der Wissenschaftlerin, eine bestimmte Form von Perspektivität impliziert, kein Standpunkt einer „Sicht von nirgendwo" ist und damit letztlich eine Form von Subjektivität verkörpert. So zeigt sich, dass die Perspektive des Subjektiven von großer Reichweite und jedenfalls epistemologisch nicht eliminierbar ist. Sie bleibt ein Schlüsselbegriff für die Bestimmung des Humanums, dessen, was wir als Menschen sind.

Literatur

Bargh, John A. (2005): Bypassing the Will: Toward Demystifying the Conscious Control of Social Behaviour. In: Hassin/Ulemann/Bargh 2005, 37–58.
Damasio, Antonio (2000a): Ich fühle, also bin ich. Die Entschlüsselung des Bewusstseins. München, 5. und 6. Kapitel.
Damasio, Antonio (2000b): Eine Neurobiologie des Bewusstseins. In: Newen, Albert; Kai Vogeley (Hrsg.): Selbst und Gehirn. Paderborn, 315–333.
Gallagher, Shaun (2005): How the Body shapes the Mind. Oxford University Press.
Hassin, Ran R.; James S. Ulemann und John A. Bargh (2005) (Hrsg.): The New Unconscious. Oxford/New York.
Johnson, Mark (1987): The Body in the Mind. Chicago.
Kant, Immanuel (1968): Kritik der theoretischen Vernunft. Akademie Werkausgabe Band III. Berlin. [Original von 1787, 2. Auflage]
Lakoff, George; Mark Johnson (1980): Metaphors We Live By. Chicago/London.
Le Van Quyen, Michel; Claire Petitmengin (2002): Neurodynamics and conscious experience: An example of reciprocal causation before epileptic seizures. In: Phenomenology and Cognitive Sciences. Special Issue on Francisco Varelas Neurophenomenology of radical embodiment. Dordrecht, 169–180.
Levine, Joseph (1983): Materialism and qualia: the explanatory gap. In: Pacific Philosophical Quarterly 64, 354–361.
List, Elisabeth (2001): Grenzen der Verfügbarkeit. Wien.
List, Elisabeth (2009): Ethik des Lebendigen. Weilerwist.
Merleau-Ponty, Maurice (1965): Phänomenologie der Wahrnehmung. Berlin.
Plessner, Helmut (1981): Die Stufen des Organischen und der Mensch. Frankfurt am Main.
Roth, Gerhard (2003): Fühlen, Denken, Handeln. Wie das Gehirn unser Verhalten steuert. Neue Aufl. Frankfurt am Main.
Singer, Wolf (2000): Ein neurobiologischer Versuch zur Evolution von Bewusstsein und Selbstbewusstsein. In: Newen, Albert; Kai Vogeley (Hrsg.): Selbst und Gehirn. Paderborn, 333–352.
Thompson, Evan (2007): Mind in Life. Biology, Phenomenology and the Sciences of Mind. Cambridge/London.
Varela, Francisco J., Evan Thompson und Eleanor Rosch (1991): The Embodied Mind. Cognitive Science and Human Experience. Cambridge Massachusetts/London. [dt. Titel: Der mittlere Weg der Erkenntnis]

Von Weizsäcker, Viktor (1973): Der Gestaltkreis. Die Einheit von Wahrnehmung und Bewegung. Frankfurt am Main.

Wegner, Daniel M. (2005): Who is the controller of controlled processes? In: Hassin/Ulemann/Bargh 2005, 19–36.

3. KAPITEL:

Verstehen in der Praxis

Sabine Stengel-Rutkowski

Geistige Behinderung bei Kindern mit genetischen Syndromen?

Abstract

Dieser Beitrag befasst sich mit der Frage, wie Kinder denken lernen, wie eine geistige Behinderung entsteht und wie sie sich gegebenenfalls verhindern lässt. Er beruht auf theoretischen Grundlagen und Modellen sowie hermeneutisch-interpretativen Videoanalysen von Interaktionen einer Montessoritherapeutin[1] mit Kindern, die wegen einer genetischen Syndromdiagnose und motorischen Entwicklungsverzögerung a priori für geistig behindert gehalten werden.

Anhand einer detaillierten Einzelfallbeobachtung wird exemplarisch gezeigt, dass es sich hierbei um eine Fehlinterpretation ihres Verhaltens handelt. Während die Kinder nonverbal ihre verzögerte Sprachmotorik kompensieren, versuchen sie nicht selten, sich gegen eine wahrgenommene Unterschätzung und Unterforderung zu wehren. Offenbar beschränkt sich die Macht ihrer Gene auf das körperliche Erscheinungsbild und motorische Funktionen. Ihre psychomentalen Prozesse sind davon unabhängig, da sich das Gehirn erst postnatal und unter dem induktiven Einfluss der Umwelt zum Denkorgan entwickelt.

Unbeeinträchtigt von ihren Genen kommunizieren die Kinder von Anfang an mit ihrem sozialen Umfeld, das sie durch ihre Gegenwart prägen und von dem auch sie geprägt werden. Ihre Wahrnehmungen werden als elektrische Impulse an die Neuronen der Hirnrinde geleitet und dort als Erfahrungen gespeichert. Neu eintreffende Impulse können nun anhand verfügbarer Erfahrungen bewertet und mit körperli-

---

1 Lore Anderlik, Montessoritherapeutin, Puchheim bei München.

chen Reaktionen beantwort werden, deren Sinn in ihrer Umgebung gedeutet wird und wiederum Reaktionen auslöst.

Altersentsprechende Erfahrungen im normalen sozialen Leben führen zur Entwicklung umweltadaptierter psychomentaler Fähigkeiten. Voraussetzung ist eine Erziehung unter der Annahme eines primär offenen Geistes. Eventuell erforderliche Therapien sollten auf wirksame Maßnahmen beschränkt und nicht von einer pädagogischen Sonderbehandlung begleitet werden, die von der unzutreffenden Vorannahme reduzierter Potenziale ausgeht.

Das aktuelle neurophysiologische Wissen über die postnatale Konstruktion und Differenzierung neuronaler Netzwerke bezieht sich offenbar auch auf Kinder mit genetischen Syndromen. Können sie in den ersten Jahren altersentsprechende Erfahrungen machen, so bilden und nutzen auch sie funktionsfähige synaptische Verbindungen in ihrer Hirnrinde, die ihnen eine optimale Anpassung an die Erfordernisse des normalen sozialen Lebens ermöglichen. Dies provoziert ein kritisches Hinterfragen des Phänomens „Geistige Behinderung". Offenbar handelt es sich hierbei nicht um einen genetisch determinierten Zustand, sondern um einen verhinderbaren Prozess. Reduktionistische Vorstellungen über die Potenziale dieser Kinder führten in der Vergangenheit zu falschen Umweltantworten auf ihre genetische Konstitution. Während in einzelnen Fällen medizinische Interventionen zur Kompensation körperlicher Hemmnisse erforderlich sind, ist in allen Fällen eine radikal geänderte Erwartungshaltung nötig, um eine sekundäre geistige Behinderung zu verhindern.

Die dieser Arbeit zugrunde liegenden teilnehmenden Beobachtungen stimmen mit Rainer Hohlfelds von Hume (1739) zitiertem Satz[2] überein, dass es nicht möglich sei, aus einer endlichen Kette von beobachteten Ereignisfolgen auf eine gesetzmäßige kausale Folge zu schließen. Im Sinne des aristotelischen Denkens ist „Geistige Behinderung" vielmehr als etwas Gewordenes zu verstehen. Daraus ergibt sich die Notwendigkeit eines Perspektivenwechsels. „Denn dem Vermögen nach kann dasselbe zugleich Entgegengesetztes sein, der Wirklichkeit nach aber nicht" (Aristoteles 4. Jhd. v. Ch.).

Einleitung

Bei der Frage, ob Motive und Beweggründe für freies Handeln mit den naturwissenschaftlichen Begriffen von Ursache und Wirkung erklärt werden können, führt uns die freie Enzyklopädie Wikipedia zu dem Buch „Alice's Adventures in Wonderland". In der Szene „Through the Looking Glass and What Alice Found There" beschreibt Carroll (1865) den Blick durch einen Spiegel auf eine nach den Regeln des Schachspiels vollständig bestimmte Welt mit lebenden Figuren. Sind wir wirklich Schachfi-

---

2   Vgl. Rainer Hohlfeld in diesem Band.

guren in einem für uns nicht erkennbaren Spiel? Gezogen von Naturgesetzen, die an die Stelle eines lenkenden Gottes getreten sind? Ist unser Verhalten vorbestimmt und unser freier Wille nicht mehr als eine Illusion?

Aufgrund meiner langjährigen Beschäftigung mit dem Verhalten von Kindern, die aufgrund einer genetischen Syndromdiagnose und einer motorischen Entwicklungsverzögerung a priori als geistig behindert gelten, halte ich diese Gleichsetzung von biologischer Ursache und individuellem Beweggrund für einen kategorialen Denkfehler. Um dies zu begründen, will ich meine Ausführungen mit biologischen, psychologischen, pädagogischen und sozialen Aspekten zum Thema „Geistige Behinderung bei Kindern mit genetischen Syndromen" beginnen und mit eigenen Untersuchungen beenden[3].

1. Erbe und Umwelt

Bevor gegen Ende des letzten Jahrtausends eine wachsende Zahl von Chromosomenveränderungen und Genmutationen bei Kindern entdeckt wurde, standen frühe Umwelteinflüsse wie Säuglingspflege und Erziehung im Vordergrund des wissenschaftlichen und gesellschaftlichen Interesses. Danach schienen neue Erkenntnisse der pädiatrischen Genetik den Glauben an die Macht der Umwelt auf die Entwicklung des kindlichen Geistes zu verdrängen. Es hat sich jedoch nicht bewahrheitet, dass beobachtete Denkschwierigkeiten monokausal durch veränderte Gene entstehen. In der Kinder- und Jugend-Psychiatrie wich diese Vorstellung schon früh der Annahme einer multikausalen Ätiologie bei den meisten diagnostizierten Konstitutionen (Rutter/Moffitt/Caspi 2006). Genetische und exogene Faktoren wurden als Ursache von eher wahrscheinlichen als determinierenden Effekten angesehen. So trat die Umwelt erneut in den Fokus wissenschaftlicher Disziplinen, die sich mit der frühkindlichen Entwicklung beschäftigten.

Etwa zur gleichen Zeit ergaben eigene Beobachtungen von Kindern mit genetischen Syndromen unterschiedliche Einflüsse von Erbe und Umwelt auf ihre körperliche und psychomentale Entwicklung (Stengel-Rutkowski/Anderlik 2005): Nur ihre körperlichen Merkmale und motorischen Funktionen scheinen streng genetisch determiniert zu sein. Sie führen zu Erscheinungsbildern, die von der Umwelt nicht wesentlich verändert werden können. Für ihre psychomentalen Fähigkeiten sowie ihre Persönlichkeits- und Verhaltensmerkmale trifft dies nicht zu. Video gestützte Beobachtungen von Spielinteraktionen im Rahmen einer Montessoritherapie (Anderlik 2006) ließen bei Kindern mit genetischen Syndromen keine anderen psychomentalen Potenziale erkennen wie bei allen Kindern. Sie scheinen sich unter normalen Um-

---

3 Teile dieses Textes wurden bereits in einem anderen Zusammenhang veröffentlicht (Stengel-Rutkowski 2009).

weltbedingungen ebenso vielfältig zu entfalten wie diese. Um altersentsprechende Erfahrungen machen zu können, müssen jedoch eventuelle körperliche Hemmnisse behoben oder assistierend ausgeglichen werden. Gelingt dies im Rahmen einer inklusiven Erziehung, so erweist sich ihre früher als konstant wahrgenommene geistige Behinderung nicht länger als ein unveränderliches, genetisch verursachtes Merkmal, sondern als ein verhinderbares Umweltproblem.

Wenige Jahre zuvor hatte die neurobiologische Forschung das Wissen über die Bedeutung der Umwelt für die postnatale Hirnentwicklung grundlegend verändert (Shore 1997; Shonkoff/Phillips 2000). Obwohl seit langem bekannt war, dass sich die Expression von Genen immer im Zusammenhang mit Umweltfaktoren vollzieht, beschäftigt sich die Molekularbiologie erst seit kurzem mit epigenetischen Phänomenen, zu deren Entstehung die äußere Umwelt nicht unwesentlich beiträgt. Es werden Regulatorsubstanzen erforscht, die als Antwort auf Umweltreize innerhalb und außerhalb von Zellkernen und Zellkörpern gebildet werden. Sie schalten bestimmte Gene zu bestimmten Zeiten in bestimmten Zellen an, andere ab und entscheiden so, welche Teile des Genoms zusammenwirken, um ein Merkmal auszuprägen, und welche dabei stumm bleiben. Obwohl noch weitgehend unklar ist, wie das menschliche Genom während der kindlichen Entwicklung durch exogene Faktoren modifiziert wird, gelten Erbe und Umwelt heute als untrennbare Partner eines Tandems, die miteinander kooperieren, um das Ziel einer optimalen gegenseitigen Anpassung zu erreichen. Dies ändert den starren Blick auf die Gene als Schicksalsdeterminanten zugunsten ihrer Anpassungsfähigkeit an und durch die äußere Umwelt.

2. Geistige Behinderung

Zwei Gründe haben offenbar in der Vergangenheit dazu geführt, dass bestimmte Verhaltensweisen von Kindern mit genetischen Syndromen als geistige Behinderung fehlinterpretiert wurden:

- *Erstens* schien dabei ihre etwas langsamere motorische Entwicklung im Vergleich zur Altersnorm eine Rolle zu spielen, die oft auch ihr Sprechvermögen betrifft. Da Sprache generell mit Denken und Verstehen assoziiert wird, schien es nahe liegend, von einer verlangsamten Sprachmotorik auf ein reduziertes Denkvermögen zu schließen. Dieser Trugschluss verstärkte sich, wenn das Aussehen der Kinder und weitere Körperfunktionen anders als gewohnt und erwartet waren. So entstand die ungeprüfte Annahme, dass ihr Sprachverständnis und Sprechvermögen in gleicher Weise genetisch geprägt seien. Dabei blieb unberücksichtigt, dass das Sprachverständnis auf geistigen Fähigkeiten beruht, deren Entwicklung umweltabhängig ist, während das Sprechen motorische Funktionen benötigt, deren Entwicklung genetisch determiniert wird.

– *Zweitens* führten beobachtbare Assoziationen charakteristischer Verhaltensphänotypen mit spezifischen Genotypen zur ungeprüften Annahme eines Kausalzusammenhangs. Während wir heute davon ausgehen, dass Gene lediglich zu Verhaltensdispositionen führen, die durch Umwelteinflüsse modifizierbar sind, resultierte früher aus den meisten Syndromdiagnosen die Antizipation einer genetisch bedingten geistigen Behinderung. Die ganze Frühförderung stand unter dem Einfluss dieser Annahme, die von der Entwicklungspsychologie mit scheinbar objektiven Verfahren verifiziert wurde. Niemand schien sich daran zu stören, dass diese Tests an Normalkollektiven standardisiert waren, zu denen Kinder mit genetischen Syndromen nicht gehören. Anhand definierter Kriterien wurde ihnen eine mentale Retardierung attestiert, ohne andere Ursachen für ihr Verhalten in Erwägung zu ziehen oder die sich daraus ergebende, sich selbst erfüllende Prophezeiung zu verhindern. Eine normale Erziehung entfiel, da die Kinder sprachliche Aufforderungen nicht oder nur ungenügend zu verstehen schienen. Sie lernten weder zu folgen noch zu antworten und taten, was sie wollten.

Aus heutiger Sicht sollte das Merkmal „Geistige Behinderung" bei Kindern mit genetischen Syndromen revidiert und neu definiert werden (Tab. 1)

Geistige Behinderung ist kein genetisch bedingter Zustand, sondern ein verhinderbarer Prozess (Boban und Hinz 1993).
– Das Phänomen „Geistige Behinderung" beruht bei Kindern mit genetischen Syndromen primär auf einer Fehlinterpretation ihres Verhaltens. – Dies führte in der Vergangenheit zu einer fehlerhaften Umweltanpassung an ihre genetische Konstitution und hatte eine sekundäre geistige Behinderung zur Folge. – Eine sekundäre geistige Behinderung kann durch eine radikal geänderte gesellschaftliche Erwartungshaltung und geänderte Rahmenbedingungen verhindert werden.

Tab. 1: Geistige Behinderung – Begriffsrevision und Neudefinition

3. Entwicklung des Gehirns zum Denkorgan

Die hier vorgeschlagene Neudefinition des Begriffs „Geistige Behinderung" wird durch die Neurowissenschaften gestützt, die bei der Entwicklung des menschlichen Gehirns zum Denkorgan auf ein beachtenswertes Zusammenspiel von Erbe und Umwelt hingewiesen haben.

3.1 Pränatalzeit

Im Gegensatz zur postnatalen wird die pränatale Hirnentwicklung relativ streng von den Genen kontrolliert. Sie sorgen dafür, dass dieses Organ zum Zeitpunkt der Geburt eine typische Struktur aufweist und über bestimmte Basisfunktionen verfügt (Fig.1).

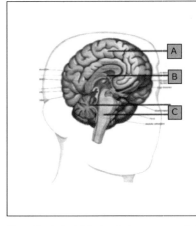

A) **Der Neocortex** („Menschen Gehirn") ist entwicklungsgeschichtlich das jüngste Hirnareal. Hier lernen wir auf hohem Niveau zu denken und komplexe integrative Aufgaben zu erledigen. Auch andere Säuger haben diese Hirnstruktur; deren Anteil am gesamten Hirnvolumen ist jedoch relativ klein.

B) **Das Limbische System** („Säuger Gehirn") ist für unsere Emotionen und Erinnerungen von entscheidender Bedeutung.

C) **Das Kleinhirn und Stammhirn** („Reptilien Gehirn") reguliert grundlegende Vitalfunktionen wie Atmung, Herzschlag und motorische Koordination.

Fig. 1: Die drei wichtigsten Systeme unseres Gehirns werden nach der evolutionären Periode benannt, in der sie vermutlich entstanden sind, bzw. nach der Spezies, mit der wir diese Strukturen teilen.[4]

Schon kurz nach der Empfängnis differenzieren sich embryonale Vorläuferzellen des Nervensystems, die sich vermehren und Vorläuferstrukturen für Rückenmark und Hirn (Neuralrohr) bilden. Hier entwickeln sich erste Nervenzellen (Neuronen), die sich ungeheuer rasch vermehren und über Fortsätze miteinander kommunizieren. Im fünften Monat organisieren sich am oberen Pol des Neuralrohrs verschiedene Hirnsysteme, in die bis zum sechsten Monat nahezu alle Neuronen einwandern, die dort postnatal benötigt werden. Ihre Zahl liegt bei etwa hundert Milliarden (10^{11}). In einigen dieser Systeme bilden sich neuronale Schaltkreise, die wichtige Körperfunktionen wie Herzschlag, Bewegungen und Schlaf-/Wachrhythmus regulieren. Sie ermöglichen den Kindern schon vor der Geburt sensorische Wahrnehmungen und Lernprozesse.

---

4   sharpbrains.wordpress.com/.../the-it-in-use-it-or-lose-it/ (with permission of R. C. L., school of wisdom)

3.2 Geburt

Beim Übergang zum extrauterinen Leben sorgt das pränatale Nervensystem für die notwendigen Anpassungsprozesse wie Atmung, Verdauung, Temperaturregulation und Reflexe. Rückenmark und Hirnstamm sind zur Zeit der Geburt in der Regel voll funktionsfähig, während die Hirnrinde und das limbische System beim Menschen viel geringer entwickelt sind als bei anderen Primaten (Shore 1997). Menschliche Neugeborene haben noch vergleichsweise wenig neuronale Vernetzungen in diesen Arealen, die für Sinneswahrnehmungen, assoziatives Erinnern, willensgesteuertes Handeln, Emotionen und Lernerfahrungen vorgesehen sind. Offenbar wurden diese Teile des menschlichen Gehirns von den genetisch gesteuerten Prozessen der pränatalen Entwicklung dazu bestimmt, vor ihrer Differenzierung auf Erfahrungen aus der äußeren Umwelt zu warten.

3.3 Postnatalzeit

Tatsächlich wird das menschliche Gehirn erst postnatal und in Interaktion mit der Umwelt zu einem individuellen, funktions- und anpassungsfähigen Denk- und Kontrollorgan. Dies scheint eine evolutionäre Antwort auf die großen Anforderungen an dieses Organ zu sein, das nicht nur alle Vitalfunktionen überwacht, sondern auch alle Informationen über die innere und äußere Umwelt entgegennimmt, die ihm Millionen von Rezeptoren der Haut und Organe zuleiten. Es muss sie verarbeiten und speichern, mit früheren Informationen vergleichen, bewerten und beantworten. Dabei werden seine Erfahrungsspeicher ständig aktualisiert, umorganisiert und gestrafft. Um dies zu meistern, nutzt das Gehirn seine Neuronen als effektive Kommunikations- und Speichersysteme.

3.3.1 Null bis drei Jahre

Die Neuronen der Hirnrinde von Neugeborenen wurden mit spindeldürren jungen Bäumen verglichen, die sich in den ersten drei Lebensjahren zu ausgefeilten Systemen von Ästen (Dendriten) und Wurzeln (Axone) entwickeln, wenn sie die hierfür notwendigen Umweltimpulse erhalten (Lessen-Firestone 1998/99). Anfangs haben sie nur wenig Kontakt miteinander. Wenn aber die Aufmerksamkeit eines Kindes durch interessante Dinge in seiner Umwelt erregt wird und seine Sinnesorgane das Gehirn darüber mit elektrischen Signalen informieren, beginnen die Neuronenfortsätze zu wachsen und sich zu verzweigen. Stellt das Kind fest, dass zwei Dinge gleich sind oder zwei Ereignisse zusammenhängen, so nehmen seine Neuronen über ihre Fortsätze miteinander Kontakt auf und teilen sich dies mit. Je mehr das Kind erfährt, umso stärker kommunizieren seine Neuronen. Ihre vielfach verzweigten und verästelten Fortsätze werden zu einem Fasergestrüpp. Die Hirnrinde wird dicker, der

Kopfumfang größer. Bis zum dritten Lebensjahr vervierfacht sich das Hirngewicht. Jedes einzelne der nun reifen Neuronen besitzt mehrere hoch verästelte Dendritenbäume, die mit zahllosen, winzigen Dornfortsätzen Signale aus der Umwelt empfangen. Das sich ebenfalls verzweigende Axon leitet die Signale an die Dendriten anderer Neuronen weiter. Dabei dockt das Axonende unter Bildung einer kleinen Spalte (Synapse) an das Dendritenende eines anderen Neurons an.

Synapsen sind die Schaltstellen der neuronalen Kommunikation. Die am Axonende eintreffenden Signale eines Neurons werden mit chemischen Botenstoffen (Neurotransmitter) durch die Spalte transportiert. Deren Bindung an die Rezeptoren angedockter Dendriten löst unter dem Einfluss von Regulatormolekülen erneut ein elektrisches Signal aus. Dies kann auf das Empfängerneuron erregend oder hemmend wirken. Treffen mehrere erregende Signale gleichzeitig oder rasch nacheinander an einem Empfängerneuron ein und überschreitet deren Intensität am Axonursprung einen Schwellenwert, so wird wieder ein Signal ausgelöst, das durch die Synapse transportiert, von dendritischen Rezeptoren empfangen und weiter geleitet werden kann. Signale, deren Stärke unterhalb der Schwelle eines Empfängerneurons liegen, gehen verloren.

Bei der neuronalen Kommunikation lösen eintreffende Impulse Signalwege aus, die bestimmte Neuronen miteinander verbinden. Sie hinterlassen dabei Spuren, die bei erneut eintreffenden Impulsen zu festeren Verbindungen führen. Macht ein Kind wiederholt gleiche Erfahrungen, so treffen wiederholt gleichartige Impulse an bestimmten Neuronen ein. Dies verstärkt die Effizienz bestehender Synapsen und erleichtert die neuronale Kommunikation. Treffen nur wenige Signale an einer Synapse ein, so werden die vorhandenen Verbindungen schwach und gehen mit der Zeit verloren. Auf diese Weise verändern sich die neuronalen Signalwege im Gebrauch.

Die neuronalen Kommunikationskreisläufe der Hirnrinde dienen als Erfahrungs- und Erinnerungsspeicher. Sie funktionieren durch Veränderungen der synaptischen Impulsübertragung (synaptische Plastizität). Dabei kooperieren verschiedene Mechanismen, die durch Art, Frequenz und Dauer der eingehenden Signale induziert werden. Sie betreffen die Menge, Art und Aktivität der präsynaptischen Neurotransmitter, der postsynaptischen Rezeptoren und Signalmoleküle sowie die Größe, Form und Zahl der dendritischen Dornfortsätze. So konstruiert die Umwelt in Abhängigkeit von den Neigungen und dem Willen des Kindes sein Gehirn als Denkorgan. Dabei wird jeder Lernerfolg mit Glückshormonen aus dem limbischen System belohnt.

Mit zwei Jahren haben Kinder etwa ebenso viele Synapsen wie Erwachsene, mit drei Jahren doppelt so viele. Da jedes Hirnrindenneuron mit mehr als zehntausend anderen kommunizieren kann, werden eingehende Signale durch etwa eine Billiarde Synapsen vernetzt (10^{15}). Wichtige Signale können nun anhand der verfügbaren Erfahrung rasch bewertet und beantwortet werden. So entwickeln sich hilflose Neugeborene aufgrund ihrer Erfahrungsspeicher zu Kleinkindern, die Bewegungen erproben, wiederholen und verfeinern, ihre Umgebung erforschen, Beziehungen aufnehmen, über Erfahrenes nachdenken und eigene Ideen verwirklichen. Sie lernen in Interaktion mit ihrer Umwelt, diese mitzugestalten und sich dabei wohl zu fühlen. Vergleichende Untersuchungen von gut versorgten und deprivierten Kindern zeigen, dass ihre neuronalen Netzwerke Funktionen ihrer Umwelt sind und von ihr induziert werden (Eluvathingal et al. 2006).

3.3.2 Drei bis neun Jahre

Auch nach dem dritten Lebensjahr bleiben Synapsenproduktion und -elimination die formenden Kräfte der menschlichen Hirnentwicklung (Fig. 2). Anfangs überwiegt die Produktion, weil fast jede Erfahrung neu ist. Der riesige neuronale Input der ersten drei Jahre führt jedoch zu wild wuchernden Verbindungen, die nun vermehrt beschnitten werden. Indem wenig genutzte Synapsen vermehrt entfernt werden, pendelt sich auf dem hohen Niveau von einer Billiarde Synapsen ein dynamisches Gleichgewicht zwischen ihrer Produktion und Elimination ein. Das Gehirn von Kindergarten- und Grundschulkindern ist in Abhängigkeit von ihren komplexer werdenden Erfahrungen und Lernprozessen dicht mit Nervenfasern bepackt. Seine neuronalen Netzwerke erneuern und reorganisieren sich ständig. Synaptische Plastizität ermöglicht den Kindern eine rasche Anpassung an verschiedenste Umwelten. Sie lernen, darin zu leben, erfolgreich zu sein und dafür belohnt zu werden. Welche ihrer neuronalen Netzwerke ausgebaut werden und welche verschwinden, hängt von den Erfahrungen ab, die sie in ihrem Adaptationsprozess machen. Da dieser Erfahrungsschatz nie gleich ist, entwickelt sich jedes menschliche Gehirn zu einem individuell geformten Unikat.

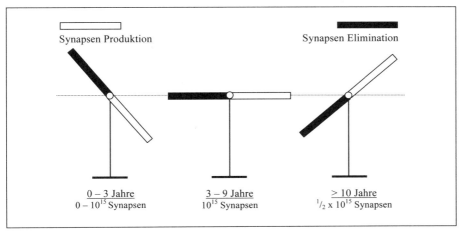

Fig. 2: Verhältnis der Produktion und Elimination von Synapsen während der postnatalen Hirnentwicklung (nach Shore 1997).

3.3.3 Adoleszenz und Erwachsenenalter

Von der Pubertät an überwiegt die Synapsenelimination. Was nicht gebraucht wird, geht verloren. Nur diejenigen Netzwerke bleiben, die von Anfang an regelmäßig genutzt wurden und für die Jugendlichen von Bedeutung sind. Ihr Gehirn wandelt sich in ein stabiles, leistungsfähiges Organ, mit dem sie ihr Handeln aufgrund ihrer Erfahrungen zunehmend selbstbestimmt steuern. Am Ende der Pubertät ist die Synapsenzahl auf die Hälfte reduziert (½ Billiarde). Während ständig neue Neuronenverbindungen produziert und andere eliminiert werden, bleibt diese Zahl bis ans Lebensende konstant.

Der Prozess der synaptischen Konsolidierung, mit dem Erfahrungen dauerhaft gemacht werden, ist eine Folge hochfrequenter Synapsenstimulation beim Lernen durch Wiederholen und sinnvolles Assoziieren. Dies löst im Gehirn die Produktion von Wachstumsfaktoren aus, die zu spezifischer Genaktivität und Proteinsynthese führt und die Struktur der postsynaptischen Dendriten verändert. Indem diese sich vergrößern und strukturell festigen, wird die synaptische Signaltransduktion beständig (Soulé/Messaoudi/Ramham 2006).

4. Pädagogische und soziale Aspekte

Piaget sah schon in seinem Frühwerk (1936/1937/1945) die kognitive Entwicklung der Kinder als Adaptationsprozess an ihre Umwelt. Er unterschätzte jedoch die intellektuellen Fähigkeiten von Vorschulkindern, deren kontinuierlich wachsende Gedächtnisleistungen ihm ebenso entgingen wie die soziokulturellen Einflüsse beim Lernen (Woolfolk/Schöpfling 2008). Im Folgenden wird über die pädagogischen und sozialen Modelle berichtet, die uns zur Entdeckung normaler psychomentaler Fähigkeiten und Erziehungsbedürfnisse bei Kindern mit genetischen Syndromen geführt haben.

4.1 Qualitatives Denken

Die Sonderpädagogik stellt die Exklusion behinderter Kinder aus dem normalen sozialen Leben und die traditionellen Deutungsmuster ihres Verhaltens seit langem in Frage. 1993 wiesen Boban und Hinz darauf hin, dass diese Kinder von der medizinischen Forschung aus einem Defekt-Blickwinkel betrachtet werden (Tab. 2). Mit ihrem Dialog-Blickwinkel, der auch den Einfluss der Umwelt berücksichtigt, konfrontierten sie das medizinische Denken über geistige Behinderung erstmals mit qualitativen Modellen.

Defekt-Blickwinkel	Dialog-Blickwinkel
Geistige Behinderung als Zustand ▷ geistig behindert sein	Geistige Behinderung als Prozess ▷ geistig behindert werden
Genetisch determinierte Organdysfunktion	Umweltmodifikation von Genwirkungen
Arbeit an den Problemen des Kindes	Unterstützung der kindlichen Entwicklung
Das Kind als abhängiges, passives Objekt	Das Kind als autonomes, aktives Subjekt
Wissen, was für das Kind das Beste ist	Offenheit für Situationen und Erfahrungen
Vorbereiteter Therapieplan	Beobachtung und individuelle Reaktionen
Übung praktischer Funktionen	Unterstützung von Interessen und Fähigkeiten
Erziehung und Entwicklungsförderung außerhalb des normalen sozialen Umfelds	Erziehung und Entwicklungsförderung innerhalb des normalen sozialen Umfelds

Tab. 2: Defekt- versus Dialog-Blickwinkel, modifiziert nach Boban und Hinz (1993).

Das qualitative Denken geht auf Aristoteles zurück. Es sieht humanwissenschaftliche Forschungsgegenstände als dem Werden und Vergehen unterworfen. Daher wird in qualitativen Analysen auf historische Einflussfaktoren geachtet. Ein induktives Vorgehen erlaubt es, die Intentionen von Kindern durch widerspruchsfreie Interpretationen zu erschließen. Einzelfallanalysen können zu einer Zusammenhangsvermutung führen und weitere, systematische Untersuchungen nach sich ziehen, die eine argumentative Verallgemeinerung ermöglichen (Mayring 2002).

4.2 WHO Definitionen

1980 definierte die Weltgesundheitsorganisation Behinderung noch als „Einschränkung oder Verlust der Fähigkeit, Handlungen in der Art und Weise oder innerhalb der Bandbreite durchzuführen, die für ein menschliches Wesen als normal angesehen wird" (ICIDH, WHO 1980). 2001 distanzierte sie sich von einem Normbereich, der aus verschiedenen Gründen für manche Menschen unerreichbar ist (ICF, WHO

2001/2005). Die neue Klassifikation beschreibt Prozesse von Funktionsfähigkeit, Behinderung und Gesundheit, die neben den medizinischen auch individuelle und soziale Aspekte berücksichtigen. Damit soll in Disziplinen, die sich mit Gesundheitsfürsorge befassen, eine weltweite Kommunikation über relevante Umweltfaktoren und deren wissenschaftliche Analyse angeregt werden. In diesem Kontext wird auf gegensätzliche Modelle für Behinderung in der Medizin und den Sozialwissenschaften hingewiesen:

– Das medizinische Modell betrachtet Behinderung als Problem einer Person, das unmittelbar von einer Krankheit, einem Trauma oder einem anderen Gesundheitszustand verursacht wird und medizinischer Versorgung bedarf.
– Das soziale Modell betrachtet Behinderung hauptsächlich als ein sozial verursachtes Problem und grundsätzlich als eine Frage der vollen Integration von Einzelpersonen in die Gesellschaft. Behinderung ist hier kein Merkmal einer Person, sondern eher eine komplexe Ansammlung von Bedingungen, von denen viele vom sozialen Umfeld geschaffen werden. Sie erfordert soziales Handeln, um überwunden zu werden.

Während im medizinischen Modell unterschiedliche Zustände als gesund (erwünscht) oder krank (unerwünscht) kategorisiert werden, verfolgt das soziale Modell ein integratives Konzept, das die Vielfalt menschlicher Konstitutionen ohne Wertungen nebeneinander bestehen lässt. Um beide Modelle zu vereinen, strebt die ICF eine kohärente Sicht von Gesundheit und Funktionsfähigkeit auf biologischer, individueller und sozialer Ebene an und empfiehlt einen bio-psycho-sozialen Denk- und Arbeitsansatz.

4.3 Paradigmenwechsel

Zu Beginn unserer Arbeit über geistige Behinderung von Kindern mit genetischen Syndromen führte uns die Reflexion des Polaritätenmodells von Boban und Hinz (Tab. 2) zu einem Bruch mit dem Defekt orientierten medizinischen Denken. Wir verließen das Paradigma[5] vom geistig behindert sein und wandten uns der Möglichkeit zu, durch die Umwelt geistig behindert zu werden. Dieser Paradigmenwechsel ließ sich einige Jahre später auch neurophysiologisch begründen und durch das soziale Modell der ICF erhärten. Unsere Frage nach der Entstehung und Verhinderung einer geistigen Behinderung entsprach dem Auftrag der WHO zur Erfassung fördernder und hemmender Umweltfaktoren für die Funktionsfähigkeit von Menschen mit besonderen Konstitutionen.

---

5   Der Begriff „Paradigma" wird hier gleichbedeutend mit Modell, Konstrukt oder Konzept verwendet.

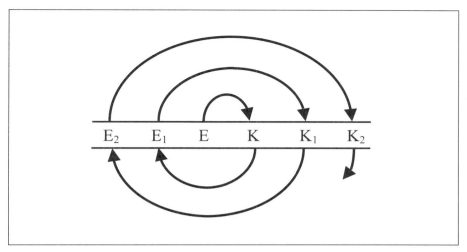

Fig.3: Modell der hermeneutischen Spirale: Reaktionsmöglichkeiten des Kindes (K), Erwartungen der Umwelt (E), veränderte Reaktionsmöglichkeiten des Kindes (K_1, K_2, etc.) in Abhängigkeit von sich ändernden Umwelterwartungen (E_1, E_2, etc.).

Das Denkmodell der hermeneutischen Spirale (Fig. 3) war für unsere Antwort richtungweisend. Es beschreibt die Abhängigkeit der Reaktionsmöglichkeit eines Kindes von den Erwartungen seiner Umwelt sowie die Veränderungen dieser Erwartungen und Reaktionsmöglichkeiten im Erziehungs- und Forschungsprozess.

Wir erlebten, dass höhere Erwartungen zur Wahrnehmung größerer kindlicher Fähigkeiten und Lernbedürfnisse führten, die durch eine Steigerung des Anforderungsniveaus befriedigt werden konnten (positive Spirale). Umgekehrt führten niedrige Erwartungen zur Wahrnehmung von Unfähigkeiten, die sich durch eine Reduktion des Anforderungsniveaus verstärkten (negative Spirale). Das Wirkprinzip sich selbst erfüllender Prophezeiungen nötigte uns, hohe Erwartungen in die Potenziale der Kinder zu setzen. Dabei orientierten wir uns an ihrem Lebensalter, was sich im Nachhinein als begründet erwies. Seither sehen wir die Syndrome der Kinder nicht mehr als Defekte, Krankheiten oder Störungsbilder, sondern als seltene Vorkommnisse im Rahmen einer genetischen Vielfalt, die für Homo sapiens normal ist (Stengel-Rutkowski 2002).

4.4 Montessori Prinzipien

Da die zentrale Aussage dieser Arbeit auf Interaktionsbeobachtungen im Rahmen einer Montessori-Therapie beruht, werden hier auch die Prinzipien dieses pädagogischen Ansatzes beschrieben, mit dem uns die Entdeckung normaler psychomentaler Fähigkeiten und Erziehungsbedürfnisse von Kindern mit genetischen Syndromen gelang.

Montessori stellt das individuelle Kind in den Mittelpunkt ihres pädagogischen Denkens und Handelns (Montessori 1950a, 1950b; Polk-Lillard 1972/1988). In einer auf seine Bedürfnisse vorbereiteten Umgebung kann es sein Material selbst wählen, damit arbeiten und Erfolg erleben. Didaktische Präsentationen und Hilfe zur Selbsthilfe fördern seine Selbständigkeit. Die Erziehung beruht auf einem respektvollen, partnerschaftlichen Umgang mit dem Kind, der die Entwicklung zu einer in sich ruhenden Persönlichkeit unterstützt. Hinsichtlich seiner geistigen Entwicklung geht Montessori von der Idee eines inneren Bauplans aus, den das Kind von sich aus zu verwirklichen sucht. Die Umwelt muss ihm dafür die Mittel zur Verfügung stellen. Seine Gesundheit und sein Wohlbefinden hängen davon ab, dass ihm diese geistige Selbstkonstruktion gelingt. Hierfür werden zwei Grundvoraussetzungen genannt:

- Zuerst braucht das Kind eine integrale Beziehung zu den Dingen und Personen seiner Umwelt. Indem es ein umfassendes Verständnis für deren Bedeutung und den richtigen Umgang mit ihnen erwirbt, lernt es, sich selbst und die Grenzen seines Universums zu verstehen. Während es seine Aufmerksamkeit auf bestimmte Gegenstände und Ereignisse richtet und sich damit auseinandersetzt, verbindet es verschiedene Facetten seines Selbst zu einem Ganzen. Zyklen von Wiederholung, Konzentration und Befriedigung führen es zu Selbstsicherheit, innerer Disziplin und dem Wunsch nach sinnvollem Tun. Dieser Zustand wird Normalisation genannt. Er stellt sich spontan ein, wenn die Umwelt dem Kind die benötigten Mittel bereithält.

- Das normalisierte Kind besitzt den Schlüssel zu seinem geistigen Selbst und wird von seinen eigenen Entwicklungsgesetzen gesteuert. Für sein weiteres geistiges Wachstum braucht es Freiheit. Sie beruht auf seinem Willen und seiner Macht zum Gehorsam gegenüber den universalen Kräften des Lebens im Evolutionsprozess.

Ist eine dieser Bedingungen nicht erfüllt, so verliert das Kind die Linien seiner Selbstkonstruktion. Es kann die mögliche Entwicklung seines geistigen Lebens nicht erreichen. Seine Persönlichkeit verkümmert. Es reagiert mit Störverhalten, das trotz bester Fürsorge heftig sein kann, denn das Kind kämpft buchstäblich um sein Leben.

Montessori-Pädagogik beachtet bei der Früherziehung die sensiblen Phasen der Entwicklung. Das sind Zeitfenster, in denen das Kind für bestimmte Lernerfahrungen besonders empfänglich ist und seine Lernprozesse neuronal begünstigt werden (Knudsen 2004). Im Alter von 0 bis 3 Jahren geht es vor allem um Sprache, Sinneswahrnehmungen, Ordnung und Bewegung, im Alter von 3 bis 6 Jahren um Sozialverhalten und Kulturtechniken. Auch Kinder mit Syndromdiagnosen verfügen über diese zeitlich begrenzten Sensibilitäten, die ihnen den frühen Erwerb zahlreicher Kompetenzen ermöglichen.

Montessori-Therapie hilft Kindern mit Syndromdiagnosen bei dem oft schwierigen Prozess ihrer geistigen Selbstentwicklung und trägt damit zu ihrer Gesundheit bei. Sie unterstützt die Erziehungskompetenz der Eltern und anderer Personen mit dem Ziel, die Kinder zu fördern und in ihrer sozialen Umgebung zu integrieren. Sie sollte möglichst früh beginnen und enden, sobald die Ratsuchenden sich selbst helfen können.

5. Das Mädchen Raquel

Im Folgenden wird von dem Mädchen Raquel berichtet, das 1997 wegen einer seltenen Chromosomenveränderung (Fig. 4) untersucht wurde. Videoanalysen, die acht Jahre später im Rahmen einer medizinischen Dissertation durchgeführt wurden (Damke 2010), führten zur Entdeckung altersentsprechender geistiger Fähigkeiten, die während der Interaktion nicht wahrgenommen wurden.

5.1 Kurzbiographie bis zur Syndromdiagnose

Raquel wurde als drittes von vier Kindern geboren. Ihre älteren Schwestern und ihr jüngerer Bruder entwickelten sich altersentsprechend. Während der Schwangerschaft wurden ihre Bewegungen wenig gespürt. In der 34. Woche trat eine vorübergehende Herzrhythmusstörung auf. Ihre Geburtsmaße waren normal. Sie konnte gut von der Brust trinken. Ein kleiner Herzfehler verschloss sich spontan. Ihre Muskulatur war schlaff und sie bewegte sich wenig. Mit sechs Monaten begann sie bei Zuwendung zu lächeln. Mit neun Monaten hob sie den Kopf aus der Bauchlage. Ihr Interesse für Spielangebote war gering. Vom zehnten Monat an erhielt sie Physiotherapie. Mit 18 Monaten begann sie zu laufen, mit 20 Monaten zu lautieren. Ihr Umweltinteresse nahm zu, sie reagierte aber wenig auf Aufforderungen. Nach ihrem zweiten Geburtstag wurden Untersuchungen zur Ätiologie ihrer Entwicklungsverzögerung durchgeführt, die zunächst ohne Ergebnis blieben. Mit $3\,^{7}/_{12}$ Jahren erhielt sie Logopädie.

Mit $3\,^{8}/_{12}$ Jahren wurde sie in einem sozialpädiatrischen Zentrum vorgestellt. Dort zeigte sie sich als kontaktfreudiges, bewegungsaktives Mädchen, das schwer lenkbar wirkte. Ihre Muskulatur war schlaff. Sie lautierte wenig verständlich und reagierte verzögert auf verbale Aufforderungen. Testpsychologisch entsprach ihr Entwicklungsstand dem eines zweijährigen Kindes. Die Chromosomenanalyse ergab eine Tetrasomie 15pter-q12 aufgrund einer Inversionsduplikation 15pter-q12::q12-pter (Fig. 4).

Bei der genetischen Beratung erfuhren die Eltern, dass Raquels Erscheinungsbild auf diese Chromosomenveränderung zurückzuführen sei. Da es sich um eine Neumutation handelte, war die Wiederholungswahrscheinlichkeit gering. Auf die Möglichkeiten und Grenzen der Pränataldiagnostik wurde hingewiesen.

Raquels Entwicklungsprognose wurde offen gelassen, weil die Auswirkungen ih-

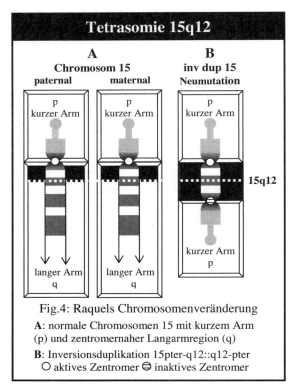

Fig. 4:
Raquels Chromosomenveränderung

rer Syndromdiagnose zu wenig bekannt waren. Paradigmenwechsel und hermeneutische Spirale wurden erwähnt, der Begriff „Geistige Behinderung" nicht verwendet.

Den Eltern wurde eine Strategie zur Trauerbewältigung über den Verlust ihrer imaginierten Wunschkinder angeboten und eine pädagogische Unterstützung durch die Montessoritherapeutin Lore Anderlik vorgeschlagen.

5.2 Videosequenz

Raquels erste Begegnung mit der Montessoritherapeutin fand im Alter von 4 $^{5}/_{12}$ Jahren statt. Die Eltern erlaubten eine Videoaufzeichnung der gesamten Interaktion und die nachfolgende wissenschaftliche Analyse.

Es wurden die ersten sieben Minuten ausgewertet. Sie beinhalten die Kontaktaufnahme, die Wahl des Arbeitsmaterials sowie Beginn, Verlauf und Ende der ersten Spielsequenz. Raquel hatte sich für ein Material zum Farbensortieren entschieden. Es bestand aus einem Teller mit vier Gläsern, die mit verschiedenfarbigen Deckeln verschlossen waren. Darin befanden sich je 10 kleine Holzzylinder in den Farben der Deckel. Nach dem Öffnen der Drehverschlüsse wurden die Zylinder auf den Teller geschüttet, die Gläser wieder verschlossen und die Zylinder ihren Farben entsprechend durch eine enge, zentrale Öffnung der gleichfarbigen Deckel in die Gläser zurückgesteckt.

5.3 Videoanalyse

Die hermeneutisch interpretative Videoanalyse erfolgte in drei Schritten:

1. Einzelbilderfassung:
   Mit Hilfe der Zeitlupe wurde jeder Moment, in dem etwas geschah, als Einzelbild erfasst, mit einer Bild verarbeitenden Software[6] ausgeschnitten, in eine Tabelle transferiert, mit einem kurzen Text beschrieben und mit einer Zeitangabe versehen.
2. Deskription:
   Bei der Deskription der Einzelbilder stand Raquel im Vordergrund der Beobachtungen. Die zum Verständnis ihrer Reaktionen erforderlichen Aktivitäten der Montessoritherapeutin[7] wurden ebenfalls notiert. Subjektive Bewertungen wurden vermieden oder durch Formulierungen wie „scheinbar" oder „offenbar" gekennzeichnet. Die Bildtexte wurden in einem strukturierten Protokoll zusammengefasst und dabei sprachlich, gegebenenfalls auch inhaltlich überarbeitet.
3. Interpretation:
   Anhand des Protokolls und der erfassten Bilder wurden die Beobachtungen hinsichtlich Raquels Fähigkeiten und Erziehungsbedürfnissen interpretiert. Dieser Prozess verlief in mehreren Zyklen mit dem Ziel, den subjektiven Sinn ihrer Handlungen zu verstehen.

5.4 Ergebnisse einer teilnehmenden Beobachtung

Die Ergebnisse dieser Analyse werden anhand informativer Bilder und Texte präsentiert (gekürzt gegenüber der Originalfassung; vgl. Anderlik 2009 und Damke 2010).

5.4.1 Die ersten 4 Minuten

Raquel zeigt sich von Anfang an als intelligentes Mädchen mit bemerkenswerten nonverbal-dialogischen Fähigkeiten. Sie kann sich für eine Sache entscheiden, selbstbestimmt handeln und ihr Lerninteresse mitteilen. Aufforderungen befolgt sie nicht immer. Bleibt ihr Lerninteresse unberücksichtigt, zeigt sie ihre Unzufriedenheit durch Abwendung, Provokation oder nonverbale Kommunikation (Abb. 1–3).

---

6   Pinnacle Studio Plus, Version 10.8
7   Lore Anderlik, abgekürzt L.A.

„Ich will ein Glas öffnen, schaff es aber nicht."

Raquel trägt das Material mit Hilfe der Therapeutin zum Tisch. 02:17.14

Sie nimmt ein Glas in jede Hand. Die Bitte, sich zu setzen, ignoriert sie. 02:21.17

Sie versucht vergebens, ein Glas zu öffnen. 02:23.09 / 02:24.12

Als es ihr genommen wird, nimmt sie das andere Glas. 02:36.09

Abb. 1: Selbstbestimmtes Handeln

„Wenn sie mir nicht hilft, mach ich was anderes!"

Als L.A. sich setzt, stellt Raquel das Glas zurück und schaut zum Regal. 02:40.12

„Setz dich Raquel, komm!", sagt L.A. und will sie zu sich ziehen. 02:44.06

Raquel wendet sich ab. L.A. öffnet das Glas mit dem BLAUEN Deckel. 03:00.22

Das Geräusch der in den Teller rollenden blauen Zylinder lockt sie zurück. 03:08.08

Abb. 2: Abwendung und Rückkehr

„Ich will die Zylinder ausschütten. Bitte hilf mir, das Glas zu öffnen!"

L.A. nimmt einen BLAUEN Zylinder, Raquel das Glas mit dem GRÜNEN Deckel. 03:12.05

L.A. steckt BLAU zu BLAU. Raquel versucht vergebens, den Deckel zu öffnen. 03:18.21

Sie berührt L.A.'s Hand mit dem Glas, die darauf nicht reagiert. 03:22.03

Raquel nimmt L.A.'s Hand, dreht sie um und stellt das Glas hinein. 03:26.12

Abb. 3: Verstärkte nonverbale Kommunikation

Als Raquels Wunsch zurückgewiesen wird, reagiert sie mit provokativer Opposition. Die nachdrücklichen Ich-Botschaften der Therapeutin kann sie jedoch respektieren, eigenes Interesse zurückstellen und sich auf sie einlassen. Sie beobachtet genau und zeigt durch überlegtes Handeln, dass sie versteht worum es bei dieser Übung geht (Abb. 4–7).

„Ich lass' mich nicht zurückweisen!"

L.A. nimmt das Glas und stellt es ab. „Ich möchte erst die anderen einstecken", sagt sie. 03:28.11

L.A. hält das Glas mit dem GRÜNEN Deckel fest. Raquel nimmt das mit dem GELBEN Deckel. 03:31.07

„Ja, wir können alle aufmachen", hört sie. „Aber erst muss ich das hier fertig machen". 03:33.10

Raquel hält das Glas mit dem GELBEN Deckel in beiden Händen und schaut zu, bis L.A. fertig ist. 03:37.23

Abb. 4: Zurückweisung, Provokation, Ich-Botschaften

„Ich kann und will selbst tätig sein!"

Raquel sieht, wie L.A. den BLAUEN Deckel vom Glas dreht. 03:38.01

Sie sieht, wie sie die BLAUEN zu den GELBEN Zylindern schüttet. 03:39.18

Sie packt das Glas mit beiden Händen, um selbst zu schütten. 03:41.01

Lächelnd leert sie das Glas mit L.A.'s Unterstützung. 03:41.24

Abb. 5: Beobachten und Handeln – Ausschütten

„Aha, ich soll blau zu blau stecken!"

Raquel nimmt einen GELBEN Zylinder. Ihre linke Hand liegt auf dem BLAUEN Deckel. 03:47.12	L.A. schiebt ihre Hand vom BLAUEN Deckel und verschließt ihn. Raquel legt den Zylinder zurück. 03:48.13	Sie nimmt einen BLAUEN Zylinder. Die Öffnung im BLAUEN Deckel wird frei gegeben. 03:50.04

Abb. 6: Beobachten und Handeln – Einstecken

„Blau zu blau und gelb zu gelb – ich hab's kapiert!"

Raquel betrachtet den BLAUEN Zylinder in ihrer rechten Hand. 03:50.23	Sie steckt ihn durch die Öffnung im BLAUEN Deckel und hört „BLAU". 03:51.12	Sie nimmt einen GELBEN Zylinder vom Teller und betrachtet ihn. 03:54.08	Sie steckt ihn durch die Öffnung im GELBEN Deckel und hört „GELB". 03:55.05

Abb.7: Beobachten und Verstehen – Sortieren

5.4.2 Die nächsten 1 ½ Minuten

Raquel glaubt, das didaktische Handeln der Therapeutin übernehmen zu müssen, um selbständig arbeiten zu können. Die Therapeutin missversteht dies und meint verhindern zu müssen, dass Raquel die Zylinder falsch einsteckt (Abb. 8).

„Ich mach's doch genau wie sie. Warum lässt sie mich nicht?"

| Raquel nimmt mit der linken Hand einen BLAUEN Zylinder vom Teller. 03:46.14 | Den rechten Zeigefinger legt sie auf die Öffnung im GELBEN Deckel. 03:57.24 | „BLAU!", hört sie und will den rechten Finger mit der linken Hand verteidigen. 03:58.07 | L.A. schließt den GELBEN Deckel. Raquel steckt den Zylinder ins andere Glas. 04:00.03 |

Abb. 8: Missverständnis

Raquel demonstriert ihre feinmotorische Kompetenz mit dem Pinzettengriff und kommuniziert darüber mit den Eltern und der Kamera. Um auch ihre kognitive Kompetenz zu zeigen, erhöht sie den Schwierigkeitsgrad. Sie erreicht aber ihr Ziel nicht, selbständig zu handeln (Abb. 9). Auf die wahrgenommene Unterschätzung reagiert sie mit provokativer Opposition. Zur Selbstreflexion fähig vermeidet sie es, die Erwartung zu erfüllen, nur mit didaktischer Hilfe korrekt arbeiten zu können (Abb. 10). Da sie nicht auf ihrem Kompetenzniveau arbeiten kann, bringt sie erneut ihren Lernwunsch in Erinnerung. Fassungslos erlebt sie, wieder zurückgewiesen und auf das Ende der begonnenen Arbeit vertröstet zu werden (Abb. 11).

„Ich mach's komplizierter, dass sie sieht, was ich kann."

| Raquel nimmt mit links und „Hab-Acht-Gesicht" zwei Zylinder vom Teller. 04:07.15 | Sie steckt einen blauen Zylinder in das Glas mit dem BLAUEN Deckel. 04:10.09 | Sie wechselt den gelben nach rechts. L.A. schließt den BLAUEN Deckel. 04:11.24 | Raquel weicht lautierend zurück. Sie will nicht unterschätzt werden. 04:13.01 |

Abb. 9: Kognitive Kompetenz

„Wenn sie mich für doof hält, mach' ich was ich will!"		„Ich weiß, dass der gelbe Zylinder nicht zu den grünen gehört."	

Mit dem gelben Zylinder in der erhobenen Hand geht sie lautierend um den Tisch. 04:13.23	Blitzschnell nimmt sie das Glas mit dem GRÜNEN Deckel, um den GELBEN Zylinder einzustecken, hält aber inne, dreht die Hand und betrachtet ihn leise lautierend. 04:15.22–04:17.24	„Nein, das ist GELB", hört sie und lässt den GELBEN Zylinder auf den Tisch fallen. 04:21.06	

Abb. 10: Protest und Selbstreflexion

„Ich will wissen, wie man den Deckel auf macht."			

Raquel versucht erneut vergebens, den Deckel vom Glas zu entfernen. 04:26.07	Sie neigt es lautierend und betrachtet die zur Öffnung rutschenden Zylinder. 04:27.00	„Ja machen wir", sagt L.A., nimmt ihr das Glas aus der Hand und stellt es weg. 04:28.05	„Aber erst die, dann die anderen", hört Raquel, die dies konsterniert verfolgt. 04:31.00

Abb. 11: Erneute Zurückweisung

Raquel wendet sich ab. Bei der nun folgenden Auseinandersetzung wehrt sie sich gegen die körperliche Einschränkung ihrer Handlungsautonomie, akzeptiert aber die konsequent wiederholte Regel der Therapeutin und ist erneut kooperationsbereit (Abb. 12a/b).

„Ich mag nicht mehr! Sie soll mich nicht festhalten!"

Raquel will weg. „Ich möchte gerne, dass du dich setzt", sagt L.A. 04:41.09

Raquel stößt L.A.'s linke Hand von sich, mit der diese sie halten will. 04:44.02

Sie versucht sich aus L.A.'s Haltegriff zu winden. L.A. will mit ihr reden. 04:46.20

„Danach hol'n wir uns was anderes", hört sie und stößt L.A.'s rechte Hand weg. 04:47.19

Abb. 12a: Auseinandersetzung

„Es interessiert mich aber doch!"

Raquel geht zum Regal und beschäftigt sich mit anderen Dingen. 04:51.03

Sie wird zurückgeholt. „Wir machen alles fertig", hört sie. 05:01.15

Sie entfernt sich lautierend, sieht aber, dass L.A. weiter arbeitet. 05:04.15

Sie stellt sich L.A. gegenüber und greift in den Teller. 05:06.02

Abb. 12b: Auseinandersetzung

Der didaktische Zeigefinger kommt wieder. Raquel entfernt ihn nun handgreiflich, um selbständig arbeiten zu können. Danach versucht sie, ihn strategisch zu überwinden. Dabei führt sie das pädagogische Handeln der Therapeutin mit ihrer raschen Wahrnehmungs- und Handlungskompetenz ad absurdum (Abb.13–16).

„Ich will den Finger da weg haben!"

| „Gelb!", hört sie und sieht L.A.'s Finger auf dem BLAUEN Deckel. 05:08.08 | Sie will ihn mit dem GELBEN Zylinder vom BLAUEN Deckel schieben. 05:11.16 | „Du hast gelb!", hört sie und wird angetippt. Der Zylinder springt davon. 05:12.14 | L.A. steckt ihn ein. Raquel fixiert L.A.'s Finger am BLAUEN Deckel. 05:16.24 |

Abb. 13: Erneute Unterschätzung

„Ich kann und will alleine arbeiten!"

| Raquel packt L.A.'s Finger und zieht ihn vom BLAUEN Deckel. 05:18.10 | L.A. nimmt einen BLAUEN Zylinder vom Teller. 05:19.07 | Auch Raquel greift hinein. „BLAU", sagt L.A. und reicht ihn ihr. 05:19.24 | Raquel nimmt ihn und steckt ihn gelassen in die befreite Öffnung. 05:21.14 |

Abb. 14: Handgreifliche Selbsthilfe

„Wenn sie nicht sieht, was ich einstecke, kann sie nichts zuhalten."

| Raquel nimmt mit der linken Hand vier Zylinder vom Teller. 05:24.07 | Sie führt sie zum BLAUEN Deckel, der verschlossen wird. 05:26.00 | „Du musst schauen!", sagt L.A. und hält ihre Hand fest. 05:27.02 | Raquel zeigt ihr den BLAUEN Zylinder, den sie einstecken wollte. 05:28.00 |

Abb. 15: Strategische Selbsthilfe

„Wenn sie das richtige Loch zuhält, mach' ich's halt falsch!"

| Raquel will den BLAUEN Zylinder nun bei GELB einstecken. 05:29.02 | „BLAU!", sagt L.A. und schließt auch den GELBEN Deckel. 05:29.23 | Der BLAUE Deckel wird frei. Raquel wechselt den Zylinder nach rechts. 05:31.08 | Sie steckt ihn im Pinzettengriff ein und hört „BLAU". 05:31.19 |

Abb. 16: Führen und Geführtwerden

5.4.3 Die letzten 1 ½ Minuten

Als Raquel begreift, dass sie das Handeln der Therapeutin nicht ändern kann, verweigert sie lustlos die Kooperation. Um die Arbeit zu beenden und ihren Lernwunsch erfüllt zu bekommen, akzeptiert sie den pädagogischen Zeigefinger. Dabei analysiert sie das System und schafft es, einmal selbstbestimmt zu sortieren (Abb. 17–19).

„Sie versteht mich nicht!"

| Raquel nimmt einen GELBEN Zylinder aus ihrer linken Hand. Beide Gläser sind zu. 05:35.12 | Sie versucht damit vergebens, den BLAUEN Deckel frei zu kriegen. 05:39.00 | Sie legt ihn auf den Tellerrand. Er rollt davon. L.A. fängt ihn ein. 05:45.01 | Als sie blau einstecken will, wird GELB verschlossen. Sie wendet sich ab. 05:53.09 |

Abb. 17: Resignation

„Wann darf ich den Zylinder einstecken?"

Abgewandten Gesichts nimmt Raquel drei Zylinder aus dem Teller. 05:56.12	Einen legt sie lautierend auf den verschlossenen BLAUEN Deckel. 05:58.08	„BLAU", hört sie. Die Öffnung wird frei gegeben. 05:59.15	Sie steckt ihn im Pinzettengriff ein. 06:00.19

▶ „wenn sie sieht, dass der Zylinder die Farbe des Deckels hat."

Sie zeigt L.A. einen GELBEN Zylinder in ihrer linken Hand. 06:02.13	Sie wechselt ihn nach rechts. Der BLAUE Deckel wird verschlossen. 06:03.23	Sie führt den Zylinder über das verschlossene Glas mit dem BLAUEN Deckel. 06:04.16	Sie steckt ihn im Pinzettengriff in das Glas mit dem GELBEN Deckel. 06:06.08

▶ „wenn sie den andersfarbigen Deckel verschlossen hat."

Abb. 18: Systemanalyse

„Wenn ich sie dazu bringe, ein Glas zu schließen, kann ich den Zylinder für das andere Glas in meiner Hand wählen."

Raquel nimmt linkshändig drei neue Zylinder. Beide Deckel sind frei. 06:10.24	Sie führt sie verdeckt zum GELBEN Deckel. Er wird verschlossen. 06:14.10	Sie wählt einen BLAUEN Zylinder aus ihrer linken Hand. 06:17.02	Sie steckt ihn im Pinzettengriff durch den freien BLAUEN Deckel. 06:17.22

Abb. 19: Freiheit im System

Nun prüft Raquel das System auf Zuverlässigkeit und fordert den Zeigefinger ein. Man sieht, wie eine „Geistige Behinderung" entstehen kann. Um das eintönige Einstecken der letzten, einfarbigen Zylinder etwas lustiger zu machen beschäftigt Raquel die Therapeutin mit feinmotorischen Schlampereien und unterhält sie mit kleinen Spielchen. Als sie fertig ist und gezeigt bekommt, wie man das Glas öffnet, strahlt sie vor Freude (Abb. 20–21).

„Wo bleibt ihr Finger? Richtig, er kommt!"

| Mit gespreizten Fingern führt sie einen GELBEN Zylinder zu BLAU. 06:24.07 | „GELB", sagt L.A. und schließt das Glas mit dem BLAUEN Deckel. 06:25.03 | Raquel steckt ihn in das Glas mit dem GELBEN Deckel. 06:26.11 | Sie zeigt L.A. GELB in ihrer Hand. Der BLAUE Deckel wird verschlossen. 06:31.18 |

Abb. 20: Prüfung auf Zuverlässigkeit

„Fertig! Jetzt will ich lernen, wie man den Deckel aufkriegt!"

| „A-a!", lautiert Raquel und dreht am Deckel „Aufmachen!", verbalisiert L.A. 07:05.00 | „Wir drehen", sagt L.A. und führt Raquels Hände zum Öffnen des Glases. 07:09.00 | Schwungvoll schüttet Raquel die blauen Zylinder in den Teller. 07:19.05 | Sie betrachtet sie freudestrahlend und stellt das leere Glas ab. 07:23.14 |

Abb. 21: Wie man ein Glas öffnet

Zusammenfassung und Schlussbemerkung

Weil Raquel sich aufgrund ihrer Chromosomenveränderung motorisch verzögert entwickelt hat und im Alter von 4 $^5/_{12}$ Jahren noch nicht sprechen kann, wird sie für geistig behindert gehalten, ohne es zu sein. Sie versteht Sprache altersentsprechend und kann sich nonverbal verständlich machen. Von Anfang an zeigt sie, dass sie mit dem gewählten Material selbständig arbeiten und eigene Ziele erreichen will. Die Therapeutin akzeptiert das nicht, da sie bei ihr eine allgemeine Entwicklungsverzögerung erwartet. Obwohl Raquel zeigt, dass sie Objekte nach Farben sortieren kann, bleibt ihr Wunsch dies alleine zu tun unerfüllt, da die Therapeutin ihr selbstbestimmtes Handeln fehlinterpretiert. Sie will lernen, wie man einen Drehverschluss öffnet, muss aber warten, bis das für sie unbefriedigende, didaktisch geführte Sortieren beendet ist. So kann sie nicht auf ihrem Kompetenzniveau arbeiten. Ihre „unerwünschten" Verhaltensweisen (autonomes Handeln, Ausweichen, Provozieren) sind in Wirklichkeit unverstandene nonverbale Kommunikationsbeiträge, mit denen sie sich unter Einsatz ihrer feinmotorischen und intellektuellen Fähigkeiten gegen die pädagogische Unterforderung und Unterschätzung ihrer Kompetenzen wehren will.

Die in Zeitlupe durchgeführte Videoanalyse zeigt, wie niedrige Erwartungen zu behindernden Umweltfaktoren werden. Sie können zu einer sekundären geistigen Behinderung führen, die als primär chromosomal bedingt fehlgedeutet wird. Raquel braucht eine Umwelt, die ihr altersentsprechendes Sprach- und Interaktionsverständnis erkennt und ihre nonverbale Kommunikation kompetenzorientiert interpretiert. Sie braucht eine geänderte gesellschaftliche Erwartungshaltung, um ihre Potenziale im normalen sozialen Leben entfalten zu können. Sie braucht Lehrpersonen, die ihre Lernfähigkeit und ihren Lernwillen sehen und ihre Lernbedürfnisse erfüllen. Ihre sprachmotorische Retardierung darf weder eine kognitive noch eine soziale Deprivation zur Folge haben.

Das Denken der Kinder beruht auf ihren Erfahrungen. Es wird weder von einem lenkenden Gott, noch von Naturgesetzen bestimmt, sondern von ihrer Umwelt geprägt, die ihnen Erfahrungen ermöglichen oder vorenthalten kann. So wird auch das Denkvermögen von Kindern mit genetischen Syndromen durch ihren individuell gesammelten Erfahrungsschatz geprägt. Er charakterisiert ihr Verhalten und formt ihre Persönlichkeit. Unter dem Einfluss der Umwelt kann ihr freier Wille bis zur Selbstverantwortlichkeit wachsen oder bis zur Illusionslosigkeit verkümmern. Nach Hume (1739) kann aus einer endlichen Kette beobachtbarer Ereignisfolgen nicht auf eine gesetzmäßige, kausale Folge geschlossen werden. Die geistige Entwicklung der Kinder ist etwas Gewordenes. So können Kinder mit gleichen Genveränderungen im Sinne von Aristoteles dem Vermögen nach zugleich geistig behindert oder nicht behindert sein, der Wirklichkeit nach aber nicht[8]. Denn nicht ihre Gene bestimmen ihr Lebensschicksal, sondern ihre Umwelt.

Literatur

Anderlik, L. (2006): Ein Weg für alle! Leben mit Montessori. Montessoritherapie und Heilpädagogik in der Praxis. Dortmund.

Anderlik, L. (2009): Das unerwartet interessierte und kreative Kind. Halbjahresschrift für Montessori-Pädagogik, 45, 32–49.

Aristoteles (4. Jhd v. Ch.): Metaphysik. Über das Seiende. Der Satz vom Widerspruch. 1009 a, 44–46. unter: http://de.wikipedia.org/wiki/Metaphysik_(Aristoteles)

Boban, I.; A. Hinz (1993): Geistige Behinderung und Integration. Überlegungen zum Verständnis der „Geistigen Behinderung" im Kontext integrativer Erziehung. Zeitschrift für Heilpädagogik 22, 237–340.

Carroll, L. (1865): Alice's Adventures in Wonderland. Deutsche Übersetzung: Alice im Wunderland. Reclam, Stuttgart 1999.

Damke, L. (2010): Geistige Behinderung bei Kindern mit genetischen Syndromen? Kritische Literaturbetrachtung und Interaktionsanalysen bei einem Mädchen mit Tetrasomie 15q12. Medizinische Dissertation, München.

Eluvathingal, T. J.; H. T. Chugani, M. E. Behen, C. Juhasz, O. Muzik, M. Maqbool, D. C. Chugani, M. Makki (2006): Abnormal brain connectivity in children after early severe socioemotional deprivation: a diffusion tensor imaging study. Pediatrics 117, 2093–100.

Knudsen, E. (2004): Sensitive Periods in the Development of the Brain and Behavior. Journal of Cognitive Neuroscience 16, 1412–25.

Lessen-Firestone, J. (1998/99): Early Childhood, Building Children's Brains. unter: www.building-blocksschool.com/files/Building_Children_s_Brains.pdf

Mayring, P. (2002): Einführung in die qualitative Sozialforschung. 5. Aufl. Weinheim.

Montessori, M. (1950 a): Il segreto dell'infanzia. Deutsche Übersetzung: Kinder sind anders. 23. Auflage. Klett-Cotta, Deutscher Taschenbuchverlag, 2006.

Montessori, M. (1950 b): La scoperta del bambino. Deutsche Übersetzung: Die Entdeckung des Kindes. 19. Auflage. Herder, Freiburg, 2007.

Piaget J. (1936): La naissance de l'intelligence chez l'enfant. Deutsche Übersetzung: Das Erwachen der Intelligenz beim Kindes. Klett-Cotta, Stuttgart, 2003.

Piaget J. (1937): La construction du réel chez l'enfant. Deutsche Übersetzung: Der Aufbau der Wirklichkeit beim Kinde. Stuttgart: Klett-Cotta, 1998.

Piaget J. (1945): La formation du symbole chez l'enfant. Imitation, jeu et rêve, image et représentation. Deutsche Übersetzung: Nachahmung, Spiel und Traum: die Entwicklung der Symbolfunktion beim Kinde. Klett-Cotta, Stuttgart, 2009.

Polk-Lillard, P. (1972/1988): Montessori – A Modern Approach. Schocken Books, New York.

Rutter, M.; T. E. Moffitt, A. Caspi (2006): Gene environment interplay and psychopathology: Multiple but real effects. Journal of Child Psychology and Psychiatry 47, 226–261.

---

8 „Es ist nämlich unmöglich, dass jemand annehme, dasselbe sei und sei nicht" (Aristoteles 4. Jhd. v. Ch.)

Shonkoff, J.; D. Phillips (2000): From neurons to neighborhoods: The science of early childhood development. Washington.

Shore, R. (1997): Rethinking the Brain. New Insights into Early Development. Families and Work Institute. New York, revidiert 2003.

Stengel-Rutkowski, S. (2002): Vom Defekt zur Vielfalt. Ein Beitrag der Humangenetik zu gesellschaftlichen Wandlungsprozessen. Zeitschrift für Heilpädagogik 53, 46–55.

Stengel-Rutkowski, S.; L. Anderlik (2005): Abilities and needs of children with genetic syndromes. Genetic Counseling 16, 383–391.

Stengel-Rutkowski, S. (2009): Vorgeburtliche Beratung und Unterstützung. In: Orthmann-Bless, D.; R. Stein (Hrsg.): Frühe Hilfen bei Behinderungen und Benachteiligungen. Basiswissen Sonderpädagogik, Band I, Beitrag I.2. Schneider-Verlag Baltmannsweiler.

Soulé, J.; C. Messaoudi und C. R. Ramham (2006): Brain-derived neurotrophic factor and control of synaptic consolidation in the adult brain. Biochemical Society Transactions 34, 600–604.

WHO (World Health Organization) (1980): International Classification of Impairments, Disabilities and Handicaps (ICIDH). Geneva.

WHO (World Health Organization) (2001): International Classification of Functioning, Disability and Health (ICF). Geneva. Deutsche Fassung (2005): Hrsg. Deutsches Institut für Medizinische Dokumentation und Information (DIMDI), WHO-Kooperationszentrum für das System Internationale Klassifikationen.

Woolfolk A. (2007): Educational psychology. Bearbeitung und deutsche Übersetzung: Schöpfling U. (2008): Pädagogische Psychologie. Verlag Pearson Studium, München.

Ernst von Kardorff

Was heißt „Evidenz" in der gesundheits- und rehabilitationswissenschaftlichen Forschung?

Ein Antwortversuch aus der Perspektive verstehender Ansätze

Vorbemerkung

Gesundheits- und Rehabilitationswissenschaften sind nicht nur interdisziplinär (Medizin, Psychologie, Heilpädagogik, Soziologie, Sozialarbeit, Ergotherapie, etc.), ihr „Gegenstand" ist *transdisziplinär*: chronische Krankheit und Behinderung charakterisieren eine Existenzweise, eine conditio humana, in der körperliche Symptome mit seelischer Befindlichkeit und sozialer Lage und den jeweiligen gesellschaftlichen Verhältnissen in komplexer Weise interagieren. Für Betroffene und ihre Familien ist dies mit der Herausforderung verbunden, ein „Leben unter erschwerten Bedingungen" (vgl. Cloerkes/Kastl 2007) zu gestalten und sich mit der Bewältigung des Vorgegebenen, dem *Kranksein* (und nicht allein mit der Krankheit) und mit dem *Behindertsein* (und nicht allein der Behinderung) in ihrer alltäglichen Lebensführung und in ihrer gesellschaftlichen Umwelt auseinanderzusetzen.

In der Praxis professioneller Beratung, Begleitung, Assistenz oder Pflege betroffener Menschen stehen daher neben der Anpassung technischer Hilfen die Kontrolle des Krankheitsverlaufs und des medizinischen Behandlungsregimes wie etwa Dialyse, Dauermedikation usw., Fragen der alltäglichen Lebensführung und der Lebensplanung, des Arrangements mit den Einschränkungen in Alltag und Beruf, des subjektiven Wohlbefindens, der Pflege sozialer Netze oder auch der Durchsetzung eigener Rechte auf Selbstbestimmung und Wahlfreiheit sowie auf Leistungsansprüche im Vordergrund. Nur im Sinnhorizont des gesamten (Er-)Lebenszusammenhangs werden Maßnahmen der Rehabilitation von den Betroffenen akzeptiert und können ihre Wirkung entfalten, zu der die subjektiven Wahrnehmungen und Reaktionen der Betroffenen konstitutiv hinzugehören. Die Einsicht in die Bedeutung der subjektiven Sicht auf Krankheitserleben und die zentrale Rolle des Zusammenspiels von körperlichen und seelischen Beeinträchtigungen mit sozialen Kontextfaktoren liegt auch dem in der Ottawa-Charta formulierten Gesundheitsverständnis der WHO[1] und der International Classification of Function and Health (ICF; vgl. Schuntermann 2005) und nicht zuletzt dem deutschen Behindertenrecht und seinen Leistungen zugrunde (vgl. von Kardorff 2003). Mit dem Vordringen des am naturwissenschaftlichen Experiment orientierten Modells evidenzbasierter Medizin zum alleinigen Nachweis der Wirkung von Rehabilitationsmaßnahmen auch in der Rehabilitation und den Gesundheitswissenschaften wird dieses Verständnis im Bereich der Forschung objektivistisch vereinseitigt und durch eine schon überwunden geglaubte Position eines einheitswissenschaftlichen Kausalmodells zu ersetzen versucht. Ein Blick in die aktuellen Debatten in der Rehabilitation ergibt dabei ein durchaus paradoxes Bild: auf der einen Seite geht es um evidenzbasierte Wirkungsnachweise im Rahmen des naturwissenschaftlichen Experimentalmodells, auf der anderen Seite wird, wie in den Disability Studies (vgl. Dederich 2007), ein soziales Modell von chronischer Krankheit und Behinderung vertreten, das Behinderung als Ergebnis sozialer Konstruktionsprozesse im Kontext der jeweiligen Dominanzkultur verortet und demgegenüber normative Gesichtspunkte wie die Sicherung der Menschenrechte, wie Selbstbestimmung und gesellschaftliche Teilhabe akzentuiert. Vor diesem Hintergrund werden zwei konträre Positionen im Verständnis von Evidenz sichtbar, die gesellschafts- und versorgungspolitisch folgenreich sind. Im Rahmen dieses Beitrags konzentriere ich mich auf die Frage nach der Angemessenheit und den Folgen einer quasi-naturwissenschaftlich verengten Methodologie im Verhältnis zu einem sinnverstehend deutenden Wirklichkeitsverständnis für die Problemstellungen der Gesundheitsforschung und Rehabilitation und plädiere für die Anerkennung eines in der hermeneutischen Tradition verankerten qualitativ vom dominanten Modell der „Evidenzbasierung" unterschiedenen Verständnisses von Evidenz, das weder objektivistisch verkürzt noch subjektivistisch unterdeterminiert ist (vgl. von Kardorff 2000).[2]

---

1 Das WHO-Modell geht von der bio-psycho-sozialen Einheit der Person und von der Bedeutung des subjektiven Wohlbefindens in Bezug auf das als kontinuierlich gedachte Spektrum von Krankheit und Gesundheit aus. Der subjektive Aspekt wird durch das Kontinuum zwischen „health-ease" und „dis-ease" charakterisiert, so dass man etwa mit Blick auf chronisch kranke Menschen von „gesunden Kranken" (vgl. Akashe-Böhme/Böhme 2005) sprechen könnte.
2 Wenn man von bio-psycho-sozialer Einheit spricht, so heißt das zunächst, dass auf der Ebene der Existenz die drei Aspekte für Betroffene eine Einheit im Erleben darstellen und ihre existenzielle Situation bestimmen und daher auch sinnvollerweise alle Überlegungen der Behandlung und Rehabilitation betreffen, einschließlich der Organisation des Gesundheitssystems; dass es in dieser „Einheit" eine komplexe Interaktion und wechselseitige Beeinflussung zwischen den einzelnen analytisch ja durchaus unterscheidbaren Bereichen gibt, ist unbestritten. Auf der Ebene der Lebenswelt und der Erfordernisse der alltäglichen Lebensführung stellt sich der Zusammenhang zwischen diesen Momenten aus der Sicht der Betroffenen als Einheit und Sinnganzes dar bzw. werden unverstandene Elemente in ein Sinn-

1. Zur Ausgangssituation

Seit etwa Mitte der 90er Jahre ist auch in Deutschland ein Vordringen der evidenzbasierten Medizin (nachweisorientierte Medizin) im Gesundheitswesen und der Rehabilitation zu konstatieren (vgl. Sackett u. a. 1996); dies findet u. a. seinen Niederschlag in der Entwicklung entsprechender Leitlinien seitens der Kostenträger im Gesundheitswesen wie auch zunehmend in der Gesetzgebung. Evidenzbasierung zielt auf den wissenschaftlich begründeten Nachweis der Wirksamkeit eingesetzter Behandlungsverfahren; gesundheitspolitisch geht es um die Legitimation der Ausgaben der Kostenträger für Krankenbehandlung und Rehabilitation. Methodologisch orientiert sich das Modell der Evidenzbasierung an einem den Naturwissenschaften entlehnten experimentellen Forschungsparadigma, das etwa in der Versorgungsforschung und bei klinischen Studien z. B. mit Hilfe des Designs randomisierter Kontrollgruppenstudien realisiert wird. Parallel dazu zeichnet sich auf dem Hintergrund neuer Erkenntnisse in der Genetik und den Neurowissenschaften eine Renaissance einfacher Kausalmodelle als allein gültiges Erkenntnismodell ab. Besonders Vertreter der Neurowissenschaften betrachten menschliches Handeln als grundlegend neurobiologisch determiniert und erheben damit den Anspruch, ein neues wissenschaftliches Menschenbild zu begründen, das Aspekte der Entscheidungs- und Handlungsfreiheit und damit auch der Selbstbestimmung in Frage stellt (vgl. Roth, 1997; ders. 2000; Elger u. a. 2004; kritisch hierzu: Hohlfeld i. d. Band; Laucken 2007; Janich 2009).[3]

Das Bemühen um Evidenzbasierung erweist sich dabei auch als Strategie einer *Wissenspolitik,* die sich nicht nur auf Praxis und Mittelverteilung in Forschung, Entwicklung und Intervention im Gesundheitswesen und der Rehabilitation auswirkt, sondern darüber hinaus weitreichende Folgen für die gesellschaftliche und wissen-

---

ganzes umgedeutet. Dass in analytischer Hinsicht die Ebene des psychischen Systems (was ja wiederum nur eine Chiffre ist für unterschiedliche Ebenen z. B. das psycho-vegetative System, die Psychomotorik, das Denken, das Erinnern, das Wahrnehmen oder die Motivation), die Ebene der biologischen Funktionssysteme (vom Zellstoffwechsel bis zu den Hormonen) und die Ebene des sozialen Systems (von der dyadischen Interaktion über soziale Unterstützung bis zur Autopoiesis von Organisationssystemen, von protosoziologischen Annahmen wie der Reziprozitätsnorm bis zur Ausbildung von Institutionen und politischen Herrschaftssystemen) voneinander unterschieden werden können, bleibt dabei unbestritten. Die wissenschaftlichen Ergebnisse des am naturwissenschaftlichen Experimentalparadigma orientierten und einer an Modellen des Sinnverstehens orientierten Methodologie können allerdings nicht einfach ineinander übersetzt werden, sondern bleiben auf einer erkenntnistheoretischen Ebene inkommensurabel, wenngleich sie für die Praxis der Behandlung, Rehabilitation usw. im Sinne einer Art Unschärferelation aufeinander bezogen werden müssen.

3   Man braucht die physiologischen und neurologischen Prozesse, die geistigen Aktionen wie etwa Wahrnehmen, Erkennen, Erinnern, Reflektieren, kreativen Verknüpfungen oder emotionalen Reaktionen zugrunde liegen nicht zu leugnen ohne gleichzeitig an der Freiheit des Willens oder an auch anders möglichen Entscheidungen zweifeln zu müssen oder gar kausale Determination unterstellen zu müssen (vgl. Hohlfeld in diesem Band).

schaftliche Wahrnehmung und Rahmung des Gegenstandsbereichs und seiner Probleme hat. Während es unter wissenschaftssoziologischen Gesichtspunkten um den Einfluss und die Dominanz einer dem naturwissenschaftlichen Paradigma folgenden Scientific Community geht, zeigen sich auf einer grundsätzlichen Ebene Kontroversen um den erkenntnistheoretischen Zugang zur Welt und ein gültiges Wissenschaftsverständnis, die im Folgenden mit Blick auf Probleme der Rehabilitation behandelt werden.

2. Zur Strategie der Evidenzbasierung

Unter der Perspektive gesicherter Wirkungsnachweise, nachgewiesener Effizienz bezogen auf vorab definierte Vergleichskriterien oder Zielvorgaben setzt sich von der Politik bis zu den Strategien einflussreicher kollektiver Akteure im Feld, wie etwa den Krankenkassen oder der Rentenversicherung bis hin zur Forschungsförderung und der Ministerialbürokratie, das Modell der Evidenzbasierung als so genannter „Goldstandard" der Forschung vermehrt durch: „Evidenzbasierte Medizin (EbM) ist der gewissenhafte, ausdrückliche und vernünftige Gebrauch der gegenwärtig besten externen Evidenz für Entscheidungen in der medizinischen Versorgung individueller Patienten. Die Praxis der EbM bedeutet die Integration individueller klinischer Expertise mit der besten verfügbaren externen Evidenz aus systematischer Forschung" (nach Sackett u. a. 1996). Auch die Finanzierung von Forschungsvorhaben wie die Akzeptanz von Therapien und Maßnahmen wird zunehmend vom Nachweis evidenzbasierter Studiendesigns abhängig gemacht. Unabhängig von der berechtigten Intention, wirksame Behandlungen von unwirksamen, effiziente von weniger effizienten, gesicherte von ungesicherten, nebenwirkungsarme von nebenwirkungsreichen etc. zu unterscheiden, hat die Diskussion um Evidenzbasierung zugleich eine alte wissenschaftstheoretische Kontroverse von neuem belebt. Aus einer Perspektive auf die Forschungslandschaft zeigt sich nach den auf erkenntnistheoretischer Ebene gescheiterten Versuchen der Begründung und Etablierung des einheitswissenschaftlichen Programms erneut der machtbewusste Monopolanspruch eines nun unter der Perspektive von Standardisierung, Transparenz und Wissenschaftlichkeit gleichermaßen legitimierten gleichsam alternativlosen Modells, das, einer positivistischen Tradition verpflichtet, einem monologischen und kausal-deterministischen Interpretationsmodell als Wahrheitsdispositiv folgt und die wissenschaftliche Deutungshoheit in der Scientific Community angesichts konkurrierender Modelle aus anderen geistes- und sozialwissenschaftlichen Traditionen oder „Kulturen" (vgl. Lepenies 1985) beansprucht.

Das methodologische Ideal dieses Forschungsprogramms ist die Strategie des randomisierten Kontrollgruppendesigns (RCT = randomized control trial), wie es etwa aus der pharmazeutischen Wirkungsforschung bekannt ist. Da man anders als im strengen naturwissenschaftlichen Experiment bei klinischen Studien nicht alle Störgrößen kontrollieren kann, stellt die zufällige (randomisierte) Zuweisung von Patienten zur Kontrollgruppe (z. B. mit standardisierter bisheriger Behandlung) und zur Experimentalgruppe (z. B. neue Behandlungsform) den Versuch dar, systematische Störungen/Fehler („bias") auszuschalten, um damit zu Kausalerklärungen zu gelangen. Die in RCT-Studien ermittelten phänomenologischen Korrelationen werden dann als Ursache-Wirkungsbeziehungen angenommen und die handelnden Subjekte werden zu „Objekten", deren Reaktionen als Ergebnis einer manipulierenden Intervention interpretiert werden. Andere wissenschaftliche Herangehensweisen werden vor diesem Hintergrund als felderkundende, heuristische etc. aber eben nicht ausreichend streng kontrollierte Vorgehensweisen ohne ausreichende Objektivität, Reliabilität oder Validität betrachtet, die bestenfalls als Vorstufe oder Ergänzung für falsifizierbare und damit wissenschaftlich gesicherte Erkenntnis dienen können, die sich idealiter nur durch das Experiment gewinnen lassen.[4]

Eine zweite Strategie in den Gesundheits- und Rehabilitationswissenschaften ist die der *großen Zahl,* sei es der statistisch repräsentativen Erhebungen oder der von prospektiven Forschungsdesigns, die mit statistischen Schätzverfahren wie etwa multiplen Regressionsgleichungen relative Anteile einzelner Variablen an bestimmten Effekten identifizieren und die Einflussstärke vorab operationalisierter Größen messen. Für bestimmte Zwecke sind große Zahlen instruktiv, etwa zur Ermittlung von Prävalenz- und Inzidenzraten von chronischen Krankheiten und Behinderungen, zur Über-, Fehl- und Unterversorgung in der Rehabilitation – und innerhalb der jeweils gewählten Modelle meist unbestreitbar; darüber hinaus sind sie aber auch suggestiv (oder werden so genutzt), weil sie eine scheinbare Gewissheit erzeugen, die sie als Basis etwa sozialpolitischer Entscheidungen geeignet erscheinen lassen und gerade von der Politik gerne als „Beweismittel" zur Legitimation oder Ablehnung von Maßnahmen dienen. Hier kann man mit Bude (2008) festhalten: „Es gibt Zahlen, aber die beenden nicht das Gespräch über unsere Verhältnisse, sie eröffnen es erneut, indem sie weitere Gesichtspunkte ins Spiel bringen" (275), etwa die Frage, innerhalb welcher Modelle sie zustande gekommen sind, welche ggf. relevanten Phänomene sie mit ceteris paribus Klauseln ausklammern, welche Prioritäten gesetzt werden sollen usw.

---

[4] Nach der AHCPR (Agency for Health Care, Policy and Research des U.S: Department of Health and Human Services) definierte Evidenzklassen: Ia: Evidenz durch Meta-Analysen von mehreren randomisierten, kontrollierten Studien; Ib: Evidenz aufgrund von mindestens einer randomisierten, kontrollierten Studie; IIa: Evidenz aufgrund von mindestens einer gut angelegten, jedoch nicht randomisierten und kontrollierten Studie; IIb: Evidenz aufgrund von mindestens einer gut angelegten quasi-experimentellen Studie; III: Evidenz aufgrund gut angelegter, nicht-experimenteller deskriptiver Studien wie etwa Vergleichsstudien, Korrelationsstudien oder Fall-Kontroll-Studien; IV: Evidenz aufgrund von Berichten der Experten-Ausschüsse oder Expertenmeinungen bzw. klinischer Erfahrung anerkannter Autoritäten. Letztere wird ironisch als „Eminence-based Medicine" charakterisiert.

Nicht zu vergessen ist darüber hinaus, dass statistisch gewonnene Erkenntnisse im Feld der klinischen Fallarbeit nur von begrenztem Nutzen sind.

Eine dritte Strategie ist die der *Standardisierung*, die u. a. auf das berechtigte Anliegen von Vergleichbarkeit und Qualitätssicherung von Angeboten und ihrer Bewertung abzielt. Damit verbunden ist jedoch häufig das Ausklammern der introspektiven und subjektiven Sichtweisen oder deren Transformation in vorgefertigte Antwortalternativen etwa bei Fragebogenerhebungen, die die Befragten zu „reactional dopes" (vgl. Garfinkel 1967) machen und zu einer Scheinobjektivierung führen. Diese Kritik trifft auch auf viele standardisierte diagnostische Instrumente zu, bei denen Betroffene (Klienten, Patienten) als „Fälle" (Objekte) entweder einer aus externen Beobachtungsdaten gewonnenen Theorie oder als abweichende Fälle im Kontext einer als normalverteilt gedachten repräsentativen Stichprobe identifiziert werden. Die Anwendung dieser Verfahren auf subjektive Bewertungen (Einschätzung von Zufriedenheit, Lebensqualität, etc.) verkennt, dass subjektive Äußerungen im Kontext einer lebensweltbezogenen Deutung erfolgen, situative Aspekte berücksichtigen und auf individuelle idiosykratische Motive Bezug nehmen und nicht auf isolierte Variablen reduzierbar sind. Ein Beispiel hierfür stellen Instrumente zur Erforschung der subjektiven Lebensqualität dar, bei der die Befragten auf vorgegebene Antwortalternativen reagieren: der vorgegebene semantische Gehalt von „Lebensqualität" reproduziert dabei eine normalistische Norm (vgl. Link 1997), die als Bezugsnorm gilt und im Sinne einer self-fulfilling prophecy funktioniert. Prozesse gesellschaftlicher Aushandlung und kommunikativer Verständigung über den subjektiv bedeutsamen Sinn oder die semantischen Potenziale eines subjektiven und von vielfältigen Lebensbedingungen abhängigen Begriffs wie gesundheitsbezogene Lebensqualität werden dabei ausgeblendet. So kommen in vielen Studien der Gesundheitswissenschaften die untersuchten Personen nicht als Experten/-innen ihrer Lebenssituation zu Wort, sondern werden auf ihre Rolle als „Kunden" reduziert: sie werden gezwungen, sich angesichts vorab definierter Alternativen zu einer vergleichenden Bewertung zu entscheiden, oft in der Situation von Abhängigkeit (wie in einem Behinderten- oder Pflegeheim), die zu sozial erwünschten Antworten führt. Für Gesundheitswissenschaften und Rehabilitation stellt sich jedoch die Aufgabe, die Anschlussfähigkeit von Interventionen, etwa an die Alltagswelt, an persönliche Motive, biografische Entwürfe usw. zu sichern; dies kann letztlich nur von den betroffenen Menschen selbst *reflexiv* beurteilt werden (vgl. für Beratungsprozesse z. B. Wolff 2008, 242). Dies verweist auf die gewichtige Rolle der *Authentizität* (nicht der „Wahrheit") subjektiver Wahrnehmungen. Darin liegt die „Weisheit der deutenden Subjektivität" (Bude 2008, 263), die keineswegs allein Kriterien nur strategischer oder instrumenteller Rationalität folgt, sondern im Kontext einer Lebenspraxis individuellen Sinn und Gefühle freilegt, auch wenn Selbstdeutungen und Handlungsweisen betroffener Menschen von außen betrachtet „irrational" erscheinen mögen. Die Differenz zwischen individuellen und sozialen Selbstbeschreibungen und wissenschaftlichen Fremdbeschreibungen verdankt sich reflexiven Deutungsprozessen, in denen Menschen sich zu sich selbst und ihrer Welt ins Verhältnis setzen, ein Prozess, in dem sich nicht nur neue Wirklichkeitsaspekte erschließen, sondern auch geformt werden. Subjektbezug meint den Ausgang vom Subjekt, d.h. von seinem Vermögen, authentisch, mit eigener Stimme sprechen zu können – ein Aspekt, der besonders von der Gesundheitsselbsthilfe und der Behindertenbewegung hervorgehoben wird.[5] Darüber hinaus wird im Bemühen um Standardisierung der Prozesscharakter der sozialen Wirklichkeit, d.h. durch sinnhafte Reaktionen auf Angebote bewirkte Veränderungen durch die Akteure, Professionelle wie Betroffene, nicht ausreichend berücksichtigt.

Die skizzierten Strategien, Evidenzbasierung durch RCT-Studien, statistische Forschungsdesigns und Standardisierung – deren jeweiliger bereichs- und problembezogener Nutzen nicht in Frage gestellt werden soll –, zielen auf eine kausalistische oder quasi-kausalistische bzw. normalistische Interpretation der beobachteten Phänomene, ohne in Rechnung zu stellen, dass diese Modellkonstruktion selbst nur eine pragmatische und im Einzelfall durchaus wirkungsvolle instrumentalistische Wirklichkeitsdeutung unter vielen möglichen ist. Folgt man hier zunächst einer systemtheoretischen Interpretation, dann ist Kausalität „nichts anderes als ein Schema für Spezifikationen einer zweiseitigen Unendlichkeit möglicher Ursachen und möglicher Wirkungen" (Luhmann 2002, 22). Damit wird auf die im Einzelnen durchaus theoretisch kreative Willkür des Herausgreifens von Realitätsausschnitten verwiesen, also eine Leistung, die nur im Horizont einer interpretierten und vergleichend bewerteten Geschichte wissenschaftlicher Fortschritte und pragmatischer Erfahrungen vorgenommen werden kann und die auf der Tradition bewährter Paradigmen der „Normalwissenschaft" im Sinn von Thomas Kuhn (1962/dt.1976) beruht. Damit sind zwei Aspekte benannt: erstens hängt die Akzeptanz eines normalwissenschaftlichen Paradigmas von seinem pragmatischen Nutzen, d.h. von seiner gesellschaftlichen Ratifizierung als dominantes wissenschaftliches Interpretationsmodell ab. Die „multiplen sozialen Wirklichkeiten" (vgl. Schütz 1973) werden damit auf ein normativ verbindlich gesetztes eindimensionales Bild reduziert. Damit werden abweichende Entwürfe der Wirklichkeitsdeutung („Paradigmen"), mit dem dominant durchgesetzten Modell „inkommensurabel", weil sie sich – vom Theoriekonzept, methodologisch, von der Methodenauswahl und von der erkenntnistheoretischen Ausgangsposition her – nicht ineinander übersetzen lassen, wenngleich sie für die Lösung unterschiedlicher Probleme durchaus „funktionieren" mögen. Sie basieren auf Konstruktionsprozessen im ausdifferenzierten Wissenschaftssystem, gründen aber letztlich in alltagsweltlich mehr oder weniger bewährten und anerkannten Rationalitäten. Sie „treffen ins

---

5 Neben der Authentizität und Erfahrungshaltigkeit – „voice": das Sprechen als Experte/-in in eigener Sache – ist hier der Aspekt der Selbstbestimmung zentral: „choice", die selbst bestimmte Wahl zwischen nicht nur sozialpolitisch, fachlich oder wissenschaftlich vorgegebenen Alternativen, sondern die Wahl mit Blick auf den eigenen biografischen Entwurf, das „narrative Selbst" (vgl. Kraus 1996).

Schwarze und verfehlen alles andere" (Luhmann 2000) und dabei vielfach das für das Verständnis von Gesundheit und das Leben unter erschwerten Bedingungen Entscheidende. Dies verweist auf konkurrierende Deutungssysteme und auf Machtstrukturen, in denen bestimmte Sichtweisen aus pragmatisch-politischen Gesichtspunkten gegenüber anderen Sichtweisen präferiert werden, also weniger auf eine behauptete wissenschaftliche Wahrheit.

Ohne die erkenntnis- und wissenschaftstheoretisch umstrittenen Positionen des kausalistischen Modells (vgl. Rheinberger 2007; Hohlfeld i. d. Band), das Vertrauen auf die große Zahl oder die Standardisierung von diagnostischen Instrumenten an dieser Stelle detailliert behandeln zu können, geht es im Folgenden um das Plädoyer für die Anerkennung und Geltung des verstehenden Modells (vgl. u. a. Gadamer 1993) für Gesundheit, Krankheit und Behinderung und für die wissenschaftliche Forschung in der Rehabilitation und den Gesundheitswissenschaften.

3. Zu einem erweiterten Verständnis von Evidenz im Kontext verstehender Soziologie

Befreit man den Begriff der Evidenz aus seinem kausalistischen Interpretationskorsett, dann gelangt man zu einem anderen und nicht nur für die Gesundheitsforschung bedeutsamen Verständnis von Evidenz, bei dem die Wahrnehmungskodierung von zeitlich gerahmten Ereignissen als Ursache-Folge-Beziehung zwar nicht verschwindet, aber einen neuen Status gewinnt und bei dem sie zu einem unter vielen Interpretationsmodellen wird. Dazu ist es hilfreich, an die neueren Diskussionen eines konstruktivistischen Wissenschaftsverständnisses anzuknüpfen. So unterscheidet Knorr-Cetina (2008) drei Zugänge auf unterschiedlichen Abstraktionsebenen: einen mikrosoziologisch handlungsorientierten Zugang, in dem handelnde Subjekte die soziale Wirklichkeit in situativen Kontexten durch intentional aufeinander bezogenes Handeln sinnvoll rahmen und im Kontext bewährter alltagsweltlicher Kausalitätsannahmen interpretieren; eine zweite Ebene betrifft historisch gewachsene kulturelle Bedeutungssysteme, die als relativ stabile Objektivationen gleichsam die Ressource für die mikrosoziologische Konstruktion und Produktion von Sinn darstellen und schließlich eine Ebene, die die gesellschaftliche Praxis als Ergebnis der Rahmung durch gesellschaftlich stabilisierte und durchgesetzte Wissensordnungen interpretiert. Diese historisch gewachsenen und in der jeweiligen Herrschaftsordnung (Institutionen wie dem Recht, der Politik etc.) verankerten Wissensordnungen stellen eine Realität sui generis dar, die von den sozialen Akteuren verstanden und interpretiert werden muss und zugleich einen wirkmächtigen Einfluss nicht nur auf die soziale Organisation des Zusammenlebens, sondern auch auf die Selbstdeutung der Menschen hat. Beispiele hierfür stellen etwa gesellschaftliche Repräsentationen von Gesundheit und Krankheit, von Abweichung und Normalität, von Gerechtigkeit und

Gleichheit usw. oder institutionalisierte Formen der Gesundheitsversorgung und Rehabilitation, Zugangsvoraussetzungen zu Leistungsangeboten oder zum Bildungssystem usw. dar. Diese Formen der sozialen Kodierungen gesellschaftlicher Verfasstheit wirken nicht kausal, sondern treffen auf aktiv wahrnehmende, interpretierende und handelnde Subjekte und entfalten ihre Wirkungen in sinnhaft aufeinander bezogenen Handlungsketten. Wissenschaftliche Analysen müssen diese reflexiven Prozesse verstehen und „erklären". Dabei geht es, wie Max Weber dargelegt hat, um die Rekonstruktion verständlicher „*Sinnzusammenhänge,* deren Verstehen wir als ein *Erklären* des tatsächlichen Ablaufs des Handelns ansehen. ‚Erklären' bedeutet also für eine mit dem Sinn des Handelns befaßte Wissenschaft soviel wie: Erfassung des Sinn*zusammenhangs,* in den, seinem subjektiv gemeinten Sinn nach, ein aktuell verständliches Handeln hineingehört" (Max Weber 1920, §5). Dies bedeutet, dass das Verstehen individueller Aussagen und Handlungen nur im Kontext vorgeordneter gesellschaftlicher Interpretationsmuster verstanden und „erklärt" werden kann[6]. Diese „Erklärungen" sind allerdings nicht im Sinne der Kausalität des naturwissenschaftlichen Experiments zu verstehen. „Wird nun soziale Interaktion als interpretativer Prozess angesehen, dann können solche Erklärungen nicht in deduktiver Weise konstruiert werden, sondern sie müssen aufgefasst werden als Akte, mit denen Handelnden Absichten und Umstände zugeschrieben werden, die geeignet sind, dem Beobachter das beobachtete Handeln verständlich zu machen. Dieses Vorgehen, das Handeln nach den Absichten und Situationen der Handelnden zu deuten, ist […] eine durchaus sinnvolle und signifikante Art der Erklärung. Unsere Folgerung lautet daher nicht, dass soziologische Erklärungen von Handlungsmustern unmöglich sind, sondern vielmehr, dass sie sich grundlegend unterscheiden von Erklärungen, die sich auf Phänomene beziehen, die ihrerseits nicht durch Bedeutung und Sinn konstituiert sind" (Wilson 1973, 69). Damit kommt den unterschiedlichen Ansätzen einer verstehenden sozialwissenschaftlichen Perspektive[7] eine zentrale Rolle zu, deren besondere Stär-

---

6   Hier ist mit Blick auf Ansätze des Verstehens darauf hinzuweisen, dass das Verstehen einer authentischen individuellen Äußerung sich für den betreffenden Menschen als situative „Wahrheit" darstellt, die einen Eigenwert für sich beanspruchen kann. Ein Verstehen, das nur diesen individuellen Sinn, etwa in anderen Worten rekonstruieren würde, ist zwar instruktiv – etwa die individuelle Deutung einer Krankheit/Behinderung zu erfassen – bliebe aber im Status einer reinen „Nachvollzugshermeneutik" (Oevermann 1993): wenn ein Krebskranker die Ursache seiner Erkrankung in Konflikten mit seinem Sohn sieht, dann ist diese Zurechnung für das Lebensgefühl des Betroffenen zentral, kann aber erst im Kontext einer übergreifenden Fallanalyse verständlich werden. Vor deren Hintergrund kann die subjektive Äußerung verständlich werden und als „Erklärung" für die vorgenommene Zurechnung dienen; sie interagiert mit der medizinischen Deutung der Krankheit.

7   Dabei ist zu berücksichtigen, dass eine verstehende, interpretative Perspektive in den Gesundheitswissenschaften keineswegs neu ist und zudem bereits zu beachtlichen und anerkannten Resultaten geführt hat (Corbin/Strauss 1988/dt.2003; Glaser/Strauss 1967/dt. 1976, Schaeffer 2009; etc.), aber zunehmend durch EbM, RCT und repräsentative Studien verdrängt wird, weil deren scheinbar harte Daten und unabweisbaren Kausalketten zunehmend als Entscheidungsgrundlage zu Planungs- und Ge-

ken im Folgenden erläutert werden sollen und die in der Gesundheitsforschung und Rehabilitation gegenüber dem Mainstream ein alternatives und ergänzendes Deutungsangebot darstellen.

3.1 Sozialphänomenologische Tradition

In der sozialphänomenologischen Tradition der „Auslegung des Alltags" (vgl. Soeffner 1989) im Anschluss an Alfred Schütz (1973) und Berger/Luckmann (1969) stehen die Wirkungen gesellschaftlich konstruierter Objektivationen und sozialer Sinnwelten, wie sie z. B. in Gesundheits- und Krankheitskonzepten zum Ausdruck kommen, im Zentrum. Ihr Zugang ermöglicht es, individuelle und kollektive Handlungsmuster in ihrer Einbettung in gesellschaftliche Wissensordnungen verständlich werden zu lassen. Mit Berger und Luckmann (1969) gehe ich von der These der „gesellschaftlichen Konstruktion der Wirklichkeit" aus. In dieser Perspektive wird beschrieben, wie eine gemeinsam geteilte „Wirklichkeit in menschlichen Tätigkeiten über viele Generationen entsteht und so etwas wie Objektivität erwirbt" (Luckmann 2008, 12). Dabei handelt es sich bei diesen Konstruktionen um Mundanphänomene „erster Ordnung" (Schütz 1973), d.h. um praktisch bewährte Formen der Deutung der „multiplen Wirklichkeiten", die für die Handelnden den Status von unbefragten, selbstverständlichen Gewissheiten gewinnen und ihnen gleichsam als „zweite Natur" gegenübertreten. Aufgabe wissenschaftlicher Theoriebildung ist vor diesem Hintergrund die Entwicklung von Konstruktionen „zweiter Ordnung", die der Rekonstruktion der Mundanphänomene dienen (vgl. Schütz 1973). In der phänomenologischen Tradition (etwa bei Berger/Luckmann 1969; Luckmann 2008) wird Bedeutungszuschreibung als Ergebnis sozialer Konstruktionsprozesse verstanden und insofern als historisch gebunden und zugleich veränderbar betrachtet. So kann man zwar einerseits mit guten Gründen davon sprechen, dass die Definition von körperlich, geistig oder seelisch beeinträchtigten Menschen als „Behinderte" aus der Perspektive der Mehrheitsgesellschaft ein ganze Gruppen stereotypisierendes und bezogen auf den Einzelnen individualisierendes Machtverhältnis repräsentiert, und man besser von der behindernden Gesellschaft oder politisch von einer Gesellschaft der Behinderer sprechen kann, die in ihrer Verfasstheit den „Behinderten" erst konstituiert: z.B. machen einen Rollstuhlfahrer erst fehlende Aufzüge und hohe Bordsteinkanten (materielle Barrieren) und Vorurteile (immaterielle Barrieren) zum Behinderten. Andererseits ist eine durch Geburt, Unfall, Beruf oder Krankheit bedingte Beeinträchtigung von körperlichen, geistigen oder seelischen Funktionen eine unbestreitbare Tatsache, die sich subjektiv als Leibempfinden (z. B. Plessner 1928/1975) darstellt, das individuell in die

---

staltungszwecken des Gesundheitswesens und für Auswahl und Bewertung von Behandlungskonzepten und Interventionen herangezogen werden. Dies gilt besonders für die Evaluierungsforschung (vgl. kritisch hierzu von Kardorff 2006).

Biografie integriert und in Relation zu Anderen verstanden werden muss, und sich im Alltag als Problem bei der Bewältigung alltäglicher und beruflicher Anforderungen zeigt. Die besondere Aneignung und Bearbeitung der individuellen leib-seelischen Konstitution im Verhältnis zu den Anderen und der „Gesellschaft" findet ihren Ausdruck in einer besonderen Subjektivität, die sich im Medium der – semantisch immer indexikalischen – Sprache artikuliert, die, sei es als gesprochener oder verschriftlichter Text oder als gestische Repräsentation, von Anderen gedeutet werden muss. In den sprachlichen Äußerungen finden sich neben Beschreibungen, Rechtfertigungen, Wünschen, Forderungen usw. auch Figuren kausaler Erklärungen und reflexiver Begründungen, die eine pragmatisch zentrale Rolle für die Weltorientierung darstellen. Auch wenn sinnhaftes Handeln Elemente strategischen (also zweck-rationalen) Handelns enthält, das sich auf Erfahrungen wahrgenommener Kausalität und Effekte bewährter Kausalketten (wenn ich x tue, dann resultiert y; „um ... zu" Motive bei Schütz 1973) oder von Wahrscheinlichkeiten (wenn ich x tue, ist das wahrscheinliche Ergebnis y) stützt, ist die Bezugnahme auf intentionales sinnhaftes Erleben und Handeln vor dem Hintergrund erweiterter vorgefundener Sinnhorizonte von einer anderen Art: Wenn etwa eine Rehabilitandin mit einem folgenreichen Aneurysma (z. B. gekennzeichnet durch den Verlust der Zahlenerkennung, eingeschränktes Gesichtsfeld, Wortfindungsstörungen) formuliert: es war „ein Glück, dass mir das passiert ist", kann diese überraschende Äußerung nur im reflektierenden Rückblick auf die gesamte Lebensgeschichte verständlich werden (Schönberger/von Kardorff 2010). Dies verweist auf die Rolle von „weil" Motiven (Alfred Schütz 1973) als Begründungsmuster: es ist ein Glück, weil es mir einen Neuanfang, wenn auch unter erschwerten Bedingungen eröffnet hat oder weil es für mich eine Befreiung aus Überforderungen war, etc. Die Wahrnehmung alltäglicher Ursache-Folge-Beziehungen ist also in den Rahmen einer vorgängig konstituierten Sinnwelt eingebettet. Die subjektiven Interpretationen beziehen sich auf lebensgeschichtliche Bedeutsamkeit und auf die Übereinstimmung mit gemeinsam geteilten Überzeugungen, Werten oder Normen, deren Anerkennung nicht allein durch das Wahrnehmungsschema der Kausalität oder eindimensionaler Zweckrationalität strukturiert ist, sondern von einer Vielfalt von Deutungsperspektiven und subjektiven Entwürfen abhängt und Lücken, die argumentativ nicht geschlossen werden können (wie etwa emotionale Befindlichkeiten), durch zu „Gewohnheiten des Herzens", Zweckmäßigkeiten der Routine oder zur Aufrechterhaltung von Macht und Privilegien verdichtete Erzählungen von Erfahrung, Tradition oder Mythos überbrückt (vgl. Lucius-Hoene 2008). Die in sozialen Repräsentationen, Erzählungen usw. jeweils gesellschaftlich vorgefundenen Sinnhorizonte sichern – um es zu wiederholen – im Kontext der jeweiligen grammatikalischen und semantischen Strukturen der Sprache die Grundlagen des gemeinsamen Verstehens und steuern die dabei vorgenommenen Selektionen (was darf, was kann, was muss gesagt werden) aus der nur durch gesellschaftliche Machtverhältnisse beschränkten Menge von Deutungsmöglichkeiten. Das konkrete Verstehen von Äußerungen, Handlungen und ggf. von Motiven stellt sich dann in einem prinzipiell nicht abschließbaren hermeneutischen Zirkel her, der allerdings in Aushandlungsprozessen für die in Frage stehenden Problemlösungen im Kontext alltagsweltlicher Üblichkeiten beendet wird. Das *wissenschaftliche* Verstehen wird dabei im Unterschied zum alltäglichen Verstehen durch methodische Verfahren des Fremdverstehens kontrolliert (vgl. Flick 2007), aus dem sich neue Wissensordnungen entwickeln.

3.2 Hermeneutisch-interpretative Tradition

In der hermeneutisch-interpretativen Tradition (z. B. Glaser/Strauss 1967; Schütze 1999) werden z. B. biografische Muster der Bewältigung chronischer Krankheit und die damit verbundenen Aufgaben aus den Erzählungen betroffener Menschen rekonstruiert und damit der Blick auf die deutungs- und handlungsrelevanten Auswirkungen subjektiver Sinnkonstruktionen gerichtet.

Aus der Vielzahl hermeneutisch-interpretativer Ansätze konzentriere ich mich auf die in der Gesundheits- und Rehabilitationsforschung gängigen Ansätze aus der Theorie des Symbolischen Interaktionismus. In dem in der pragmatistischen Wissenschaftsauffassung von George Herbert Mead stehenden und von Herbert Blumer (1969) begründeten Symbolischen Interaktionismus wird betont, dass die Menschen auf der Grundlage der Bedeutungen handeln, die sie den Objekten ihrer Umwelt geben. Bedeutungen werden in Prozessen wechselseitiger Interaktion vor dem Hintergrund bereits existierender kollektiver, historisch gewachsener und emotional über Sozialisationsprozesse verankerter Bedeutungssysteme beständig den individuellen Gegebenheiten entsprechend angeeignet, modifiziert und (neu) hergestellt, sind also Ergebnis sozialer Konstruktionsprozesse. Die Mehrzahl der in der Tradition des Symbolischen Interaktionismus stehenden medizinsoziologischen Studien konzentriert sich auf (1) Professionalisierungsprozesse (z. B. implizite Laientheorien der Professionen, die durch die professionelle Sozialisation zum Habitus werden), auf (2) organisationsbezogene Analysen der Interaktion in Kliniken, Hospizen, etc. und (3) derzeit vor allem auf die biografischen Rekonstruktion von „illness narratives" oder eines „narrativen Selbst" (Krauss 1996), um etwa die salutogenetische Bedeutung subjektiver Wahrnehmungen von chronischer Krankheit und Behinderung heraus zu stellen. Denn die Akte der Rückwirkung der „Seele" (Emotionen, Wünsche, Reflexionen, unbewusste Strebungen, familial tradierte „Aufträge", etc.) auf das Empfinden unseres Körpers und wiederum dessen neurophysiologische Reaktionen auf diese Empfindungen sind von komplexerer Natur als die einer einfachen Kausalkette: sie müssen durch den Filter der sprachlichen (= gesellschaftlichen) Codierung etwa von Gefühlen (Scheff 1994) hindurch hermeneutisch interpretiert werden, um im Kontext der individuellen Lebensgeschichte wie des gesellschaftlich-historischen Kontextes einen sich selbst erklärenden und für andere vermittelbaren Sinn zu erhalten. Als ein Beispiel für die wissenschaftlich bedeutsame Evidenz des Verstehensparadigmas kann die Bewältigung des Lebens mit chronischer Krankheit und Behinderung gelten. Bei chronischer Krankheit und Behinderung steht das Problem der Lebensbewältigung, konkret die Bewältigung des Vorgegebenen, im Vordergrund (vgl. Akashe-Böhme/Böhme 2005): die Auseinandersetzung mit den Einschränkungen z. B. der Leistungsfähigkeit oder der Mobilität, mit Schmerzen, mit beruflichen und finanziellen Problemen, mit Stigmatisierung und der Schwächung sozialer Netze in der Praxis der individuellen und familialen Lebensführung (vgl. Schönberger/von Kardorff 2004). Die Aufgaben für Betroffene und ihre Angehörigen organisieren sich beim Leben unter erschwerten Bedingungen um verschiedene Arbeitslinien (vgl. Corbin/Strauss 2003): *Krankheitsarbeit* (Kontrolle der Symptome, Befolgung des medizinischen Behandlungsregimes wie regelmäßige Kontrolluntersuchungen, regelmäßige Medikamenteneinnahme, Organisation von Pflege und Assistenz, Verhinderung von Dominoeffekten usw.), *Biografiearbeit* (Selbstbewusstsein, Entwicklung von Zukunftsperspektiven, Identitätsarbeit) und *Alltagsarbeit* (Selbstversorgung, Haushalt, Einkaufen, Pflege sozialer Beziehungen, etc.). Die Verlaufskurvenpotentiale der Krankheit (vgl. Schütze 1999) stehen den Betroffenen und ihren Familien als beständige Bedrohung zwar vor Augen, aber es ist weniger die Krankheit als das *Kranksein* oder die Behinderung, die die Existenz prägen. Diese existenzielle und zugleich gesellschaftliche Einbindung verweist auf die zentrale Dimension eines kontextualisierten Sinnverstehens, um Hilfeangebote zu formulieren, die den subjektiven Empfindungen und Erwartungen der Betroffenen entsprechen und in ihrem Alltag verankert werden können.

3.3 Interaktionstheoretische Zugänge

Hier konzentriere ich mich auf einen interaktionstheoretischen Zugang, der in den Grundlagen kommunikativer Prozesse die Konstruktionsregeln der Interaktion etwa zwischen Menschen mit und ohne Behinderung bezogen auf strukturierte Erwartungsmuster in sozialen Situationen analysiert und die sozialen Voraussetzungen und Prozesse von Stigmatisierung und Krankheitskarrieren sichtbar macht. Hier greife ich exemplarisch auf die Arbeiten von Erving Goffman (1975; 1974) zurück, weil er bis heute für Gesundheitswissenschaften und Rehabilitation durch die Entwicklung eines „sozialen Modells" von Krankheit(sfolgen) prägend ist (vgl. von Kardorff 2009). Goffman geht von einer Vielzahl singulärer Beobachtungen von Interaktionssequenzen aus und fragt nach den gemeinsamen Strukturmomenten, unter denen Handlungen aufeinander bezogen koordiniert werden, und wie ein Wechsel von einer zu einer anderen Handlungssituation erfolgen kann. Am Beispiel diskreditierter und diskreditierbarer Personen wie etwa von Menschen mit Behinderungen zeigt er, auf welche Weise Erwartungen an situationsgerechtes Verhalten in definierten Interaktionskontexten betroffene Menschen dazu zwingen, ihre behinderungs- oder krankheitsbedingt „beschädigte" Identität angesichts der ihnen auf der Basis gesellschaftlicher Erwartungen zugeschriebenen sozialen Identität auszubalancieren und ein Stigmamanagement zu betreiben (Goffman 1963/dt.1975). Dies verweist auf die beständige Gefahr einer Stigmatisierung, aber zugleich auch auf die aktiven Handlungsmöglichkeiten der betroffenen Subjekte und auf die im Rahmen der Regeln der Interaktionsordnung (Goffman 1974) möglichen Aushandlungsprozesse. In weiteren Studien konzentriert sich Goffman auf die Analyse der durch Organisationen (wie z. B. psychiatrische Kliniken, Gefängnisses etc.; vgl. Goffman 1972) erzeugten Wirkungen auf das Selbst. In seiner theoretischen Studie „Rahmenanalyse" (1974) untersucht er die Regeln der Interaktionsordnung. Dort verknüpft er seine Prozessperspektive (Aushandlungsprozesse) mit einer strukturorientierten („Rahmen") Sichtweise, die auch als theoretische Grundlage für ein soziales Modell von Behinderung und chronischer Krankheit genutzt werden kann. Die gesellschaftliche Wahrnehmung von Abweichung (etwa des Aussehens, des Sprechens, des Körperschemas, der Leistungsfähigkeit, usw.) stellt sich als Anlass für soziale Zuschreibungsprozesse dar, die in den fortlaufenden Prozessen sozialer Interaktion meist gefestigt, seltener – in Abhängigkeit u. a. vom Stigmamanagement Betroffener – auch korrigiert und modifiziert werden können (vgl. auch von Kardorff 2009).

Menschen mit chronischen Krankheiten, Behinderung und Pflegebedürftigkeit sind in der Regel auf Fremdhilfe angewiesen. Wenn notwendige medizinische oder pflegerische Interventionen oder begleitende Assistenz erforderlich sind, sind damit oft weit reichende Veränderungen und Eingriffe in die alltägliche Lebensführung verbunden, die zwischen den Beteiligten ausgehandelt werden müssen. Wissenschaftliche Erkenntnisse über diese Prozesse lassen sich kaum experimentell gewinnen, sondern sind auf die Analyse und Rekonstruktion von Aushandlungsprozessen angewiesen, in denen oft situations-, professions- oder organisationsbedingte Formen des Miss- und Nichtverstehens angelegt sind. So gehen Studien aus der stationären Rehabilitation davon aus, dass die Übereinstimmung der Ziele der behandelnden Ärzte und die Ziele der PatientInnen nur zwischen 30 % und 50 % beträgt: dies verweist nicht nur auf mangelnde Kommunikation oder unterschiedliche Erwartungen (für Ärzte steht vielleicht die Ernährungsumstellung und die Gewichtsabnahme in Vordergrund, für den Rehabilitanden die Rückkehr in den Beruf oder eine vorzeitige Berentung), sondern lenkt den Blick auch auf grundlegendere Aspekte: den unterschiedlichen Perspektiven – den fachlichen der Ärzte und den lebensweltlichen der PatientInnen, den organisationsbezogenen und finanziellen der Träger und Einrichtungen – liegen nicht nur unterschiedliche Relevanzhorizonte im Sinne von Alfred Schütz (1973), sondern unterschiedliche Konzepte von Gesundheit und Krankheit und unterschiedliche Wissenskonstruktionen (Modelle des Erklärens oder hermeneutischen Verstehens oder Ansprüche an Empathie) zugrunde. Dies zeigt sich auch in theoretischen wie empirischen Analysen des Arzt-Patient-Verhältnisses (vgl. z. B. von Kardorff 2008), in dem zunehmend Themen der gemeinsamen Entscheidungsfindung (shared decision-making) zum Thema werden.

3.4 Partizipationsorientierte Perspektive

In einer partizipationsorientierten Perspektive liegt der Akzent auf der Herstellung und Sicherung aktiver Beteiligung und politischer Aktion gegenüber den sozialen Konstruktionen der normativen und normalistischen Verfasstheiten gesellschaftlicher Verhältnisse. In einer theoretischen Perspektive wie etwa in den Disability Studies werden latente Herrschaftsverhältnisse in den gesellschaftlichen Ordnungsmustern analysiert und dekonstruiert. Diese partizipationsorientierte Perspektive ist eng mit der interaktions- und handlungstheoretischen Perspektive (vgl. 3.3) verbunden, erweitert sie aber um normative Gesichtspunkte der Partzipation und Inklusion chronisch kranker und behinderter Menschen. Partizipation umfasst dabei drei Momente (vgl. von Kardorff 2010a): als Teil*habe* wird der Aspekt Barrierefreiheit und der (Chancen)Gleichheit etwa im Zugang zu Versorgungs- und zu Bildungsangeboten und zum Arbeitsmarkt von chronisch kranken und behinderten Menschen akzentuiert, der politisch durch gesetzlich garantierte Kompensations- und Förderangebote gestützt wird; im Begriff des Teil*nehmens* ist die Aufforderung an Betroffene enthalten, entsprechende gesellschaftliche Angebote aktiv zu nutzen, ggf. mit professioneller Unterstützung (etwa durch Strategien des Empowerment und des Enablement oder durch erforderliche Assistenzleistungen). Schließlich geht es um die Förderung einer ethischen Haltung, die die Zugehörigkeit behinderter oder chronisch kranker Menschen zur menschlichen Gemeinschaft als *Teil-Sein* trotz und wegen ihrer Unterschiedlichkeit (Diversität) zum Thema hat. Der zuletzt genannte Gesichtspunkt verbindet sich mit der Sorge für Andere und der Anerkennung des Anderen in seiner auf fremde Hilfe und Fürsorge angewiesenen Lage. Darin kommt auch eine condition sine qua non des Gesellschaftsvertrages zum Ausdruck, der durch einen radikalisierten Individualismus im Zusammenspiel mit der Konstruktion eines rein utilitaristischen Persönlichkeits- und eines rein kausalistischen Evidenzmodells bedroht wird.

Wenn die Disability Studies (Albrecht/Seelman/Bury 2000; Dederich 2007) von der behindernden Gesellschaft sprechen, dann werden explizit gesellschaftliche Herrschaftsverhältnisse zum Thema, die einen Perspektivenwechsel erzwingen: nämlich die Partizipationsmöglichkeiten nicht aus der Sicht individueller Funktionsbeeinträchtigungen zu denken, sondern Inklusion von der Perspektive beeinträchtigter, benachteiligter und diskriminierter Personen(gruppen) her zu denken und die gesellschaftlichen Barrieren zu identifizieren, die ihre gesellschaftliche Teilhabe, ihr Selbstbestimmungsrecht und ihre Wahlmöglichkeiten begrenzen. Was den Menschen in ihrer Alltagswelt zur zweiten Natur geworden ist, wird hier als Resultat einer gesellschaftlichen – und das heißt auch immer unter konkreten historischen Bedingungen (Herrschaftsverhältnisse, Grade der Naturbeherrschung etc.) entstandenen – und sozial folgenreichen Konstruktion betrachtet.

Erkenntnistheoretisch bedeutet dies allerdings keine Beliebigkeit der Herangehensweise bei der Konstruktion wissenschaftlicher Gegenstände, sondern führt zur

Aufgabe einer Re-Konstruktion oder auch einer De-Konstruktion der Objektivationen gesellschaftlicher Konstruktionsprozesse. Soziale Konstruktionen können zwar „im Prinzip" immer auch anders vorgenommen werden, praktisch stößt dies jedoch an die Grenze, die durch die soziale Reproduktion historisch gewachsener Ordnungsmuster mit ihren Hierarchien und den institutionalisierten Formen sozialer Kontrolle und ihrer Verankerung in den Gewohnheiten und Wahrnehmungsmustern der Individuen enge Grenzen setzt. Sichtbar wird dies etwa an dem weitgehend negativ besetzten Begriff der Behinderung. Tendenziell wird der Behinderte als eine Person gesehen, die aufgrund negativer Merkmale von zentralen sozialen Erwartungen an Aussehen, Anpassungsfähigkeit und Leistungsfähigkeit an die in einer Gesellschaft geltenden Normen und durchschnittlichen Erwartungen, die als sogenannte normalistische Normen wirken (vgl. Link 1997), abweicht. Diese Abweichung wird individualisiert, d. h. die mangelnde Erfüllung sozialer Erwartungen wird einseitig als Defizit der Person gerahmt und Behinderung damit individualisiert. Darüber hinaus werden die unterschiedlichen Ausprägungen individueller Ausdrucks- und Handlungsmöglichkeiten als gruppenbezogene Merkmale („Behinderte") gesellschaftlich folgenreich zugerechnet, etwa durch diagnostische Prozeduren, die Personen mit bestimmten Merkmalen einer Kategorie, z. B. Geistig Behinderte zuordnen; dies dient einerseits als rechtliche und sozialpolitische Grundlage zur Gewährung medizinischer, psychologischer, sozialer und materieller Hilfen, andererseits führt es zur Zuordnung dieser Personen zu einer stigmatisierten Kategorie mit erheblichen Folgen für eine Diskriminierung im alltäglichen Umgang, im Beruf, bei der Wohnungssuche, etc. (vgl. von Kardorff 2010). Das bedeutet, dass das Verhältnis des Behinderten zur Gesellschaft als ein Verhältnis von abweichender Minderheit zur gesellschaftlichen Mehrheit konzipiert wird. Im sozialen Modell der Behinderung und zugespitzt in den Disability Studies (z. B. Dederich 2007) wird diese Relationierung zunächst umgekehrt: die „Behinderung" wird in die Umwelt verlegt. Damit kommen materielle wie immaterielle Behinderungen in den Blick, die Menschen mit ganz unterschiedlichen Beeinträchtigungen – hier gefasst als Diversität, also als individuelle Unterschiedlichkeit – erst zum Behinderten machen und damit Teilhabe und Inklusion verhindern: die behindernde Gesellschaft. Die politische Forderung nach Unterstützung der gesellschaftlichen Teilhabe kranker, behinderter und pflegebedürftiger Menschen durch selbstbestimmt gesteuerte individuelle Hilfen (etwa im Persönlichen Budget) oder der Abbau gesellschaftlicher Diskriminierung (etwa beim Zugang zu Bildungseinrichtungen oder zum Arbeitsmarkt) oder gesellschaftlicher Barrieren (vom behindertengerechten Zugang zum ÖPNV bis zum barrierefreien Internet) ist eine Sache, die Rahmung ihrer Teilhabe wiederum eine Frage der politischen Interpretation: zwischen einer Politik der *Integration,* als dem Versuch durch Hilfen und Nachteilsausgleiche behinderte Menschen in die Normalitätsordnung der Gesellschaft einzubeziehen, und einer Politik der *Inklusion* mit dem Ziel, Menschen in ihrer

Verschiedenheit anzuerkennen und damit die Normalitätsordnung politisch von „Normalismus" auf Diversität umzustellen.

4. Schlussfolgerungen

Eine für Rehabilitations- und Gesundheitswissenschaften entscheidende Dimension einer von der Evidenz des naturwissenschaftlichen Modells oder von statistischen Studien qualitativ unterschiedenen Evidenz liegt im Konzept des Verstehens. „Verstehen" bedeutet das hermeneutische Ausdeuten unterschiedlicher Deutungsvarianten im Dialog und im Trialog[8] (etwa zwischen Fachkräften, Betroffenen und Angehörigen) mit allen relevanten Beteiligten. Dies verweist auf Prozesse des Aushandelns und der Konstruktion der jeweils relevanten Wirklichkeiten. Damit bleibt es in einer notwendigen Unschärfe, weil es anders als im subsumierenden und identifizierenden Denken die Anderen als Subjekte wahrnimmt und anerkennt, ohne deren jeweiligen subjektiv gemeinten Sinn vollständig erfassen zu können; ein Rest des Unverstandenen oder des Missverstandenen bleibt. Sinnverstehen ist im Prinzip durch iterative Interpretationen der Beteiligten zu sichern. Der Abbruch des Sinnverstehens, also der pragmatische Konsens, ist Ergebnis des kommunikativ-interaktiven Aushandelns der für weitere Handlungsanschlüsse relevanten Deutungen der beteiligten Subjekte. Die am naturwissenschaftlichen Experiment orientierte Gesundheits- und Rehabilitationsforschung unterläuft mit ihrer Behauptung wissenschaftlich unabweisbarer Kausalitätsketten für Bereiche des sozialen Handelns weitere Deutungsvarianten, die für die Praxis der Versorgung und der klinischen Fallarbeit aber entscheidend sind.

Literatur

Akashe-Böhme, Farideh; Gernot Böhme (2005): Mit Krankheit leben. Von der Kunst, mit Schmerz und Leid umzugehen. München: Beck.
Albrecht, Gary L.; Katherine D. Seelman und Michael Bury, Michael (Hrsg.) (2000): Handbook of Disability Studies. Thousand Oaks, USA: Sage.
Berger, Peter L.; Thomas Luckmann (1969): Die gesellschaftliche Konstruktion der Wirklichkeit. Frankfurt am Main: S. Fischer.
Blumer, Herbert (1969): Symbolic Interactionism. Perspective and Method. Berkeley: Univ. of California Press.
Bombosch, Jürgen; Hartwig Hansen und Jürgen Blume, Jürgen (Hrsg.) (2004): Trialog praktisch. Psychiatrie-Erfahrene, Angehörige und Professionelle gemeinsam auf dem Weg zur demokratischen Psychiatrie. Neumünster: Paranus-Verlag.
Bude, Heinz (2008): Das „Serendipity Pattern". Eine Erläuterung am Beispiel des Exklusionsbegriffs.

---

8   Vgl. hierzu das in der Sozialpsychiatrie entwickelte Modell des Trialogs (vgl. Bombosch/Hansen/Blume 2004).

In: Kalthoff, Herbert; Stefan Hirschauer und Gesa Lindemann (Hrsg.): Theoretische Empirie. Frankfurt am Main: Suhrkamp, 260–278.

Cloerkes, Günther; Manfred Kastl (Hrsg.) (2007); Leben unter erschwerten Bedingungen. Heidelberg: edition S.

Corbin, Juliet; Anselm Strauss (1988/dt.2003): Weiterleben lernen. Bern: Huber.

Dederich, Markus (2007): Körper, Kultur und Behinderung. Eine Einführung in die Disability Studies. Bielefeld: transkript.

Elger, Ch. E.; A. D. Friederici, Ch. Koch, H. Luhmann, Ch. von der Malsburg, R. Menzel, H. Monyer, F. Rösler, G. Roth, H. Scheich und W. Singer (2004): Das Manifest. Elf führende Neurowissenschaftler über Gegenwart und Zukunft der Hirnforschung. In: Gehirn & Geist, 6, 30–37.

Flick, Uwe (2007): Qualitative Sozialforschung, eine Einführung. Reinbek: Rowohlt.

Gadamer, Hans-Georg (1993): Über die Verborgenheit der Gesundheit. Frankfurt am Main: Fischer.

Garfinkel, Harold (1967): Studies in Ethnomethodology. Englewood Cliffs: Prentice Hall.

Goffman. Erving (1972): Asyle. Frankfurt am Main: Suhrkamp.

Goffman, Erving (1975): Stigma. Frankfurt am Main: Suhrkamp.

Goffman, Erving (1974): Rahmenanalyse. Frankfurt am Main: Suhrkamp.

Janich, Peter (2009): Kein neues Menschenbild. Zur Sprache der Hirnforschung. Frankfurt am Main: edition Unseld.

Kardorff, Ernst von (2000): Qualitative Forschung in der Rehabilitation. In: Bengel, J.; U. Koch (Hrsg.): Grundlagen der Rehabilitationswissenschaften. Berlin, Heidelberg, New York: Springer Verlag, 409–428.

Kardorff, Ernst von (2003): Das Sozialgesetzbuch IX „Rehabilitation und Teilhabe behinderter Menschen" und das Gleichstellungsgesetz – eine Herausforderung für die Umsetzung in der Praxis. In: Psychomed (15) 2, 85–90.

Kardorff, Ernst von (2006): Zur gesellschaftlichen Bedeutung und Entwicklung (qualitativer) Evaluationsforschung. In: Flick, Uwe (Hrsg.): Qualitative Evaluationsforschung. Reinbek: Rowohlt. 63–91.

Kardorff, Ernst von (2008): Zur Veränderung der Experten-Laien-Beziehung im Gesundheitswesen und in der Rehabilitation. In: Willems, H. (Hrsg): Weltweite Welten. Internet-Figurationen aus wissenssoziologischer Perspektive. Wiesbaden: Verlag für Sozialwissenschaften, 247–268.

Kardorff, Ernst von (2009): Erving Goffmans *Stigma* neu gelesen. In: Willems, Herbert (Hrsg.): Theatralisierung der Gesellschaft. Wiesbaden: VS-Verlag.

Kardorff, Ernst von (2010): Zur Diskriminierung psychisch kranker Menschen. In: Hormel, Ulrike; Albert Scherr (Hrsg.): Diskriminierung. Wiesbaden: VS-Verlag, 279–305.

Kardorff, Ernst von (2010a): Gesellschaftliche Teilhabe psychisch kranker Menschen an und jenseits der Erwerbsarbeit. In: Wittig-Koppe, H.; F. Bremer und H. Hansen (Hrsg.): Teilhabe in Zeiten verschärfter Ausgrenzung? Kritische Beiträge zur Inklusionsdebatte. Neumünster: Paranus Verlag, 129–139.

Knorr-Cetia, Karin (2008): Theoretischer Konstruktivismus. Über die Einnistung von Wissensstrukturen in soziale Strukturen. In: Kalthoff, Herbert; Stefan Hirschauer und Gesa Lindemann (Hrsg.): Theoretische Empirie. Frankfurt am Main: Suhrkamp, 35–78.

Kraus, Wolfgang (1996): Das erzählte Selbst. Pfaffenweiler: Centaurus-Verlag.

Kuhn, Thomas S. (1976): Die Struktur wissenschaftlicher Revolutionen. Frankfurt am Main: Suhrkamp.

Laucken, Uwe (2007): Wie kann man der Willensfreiheit den Garaus machen? Argumentationskonzepte für Neurowissenschaftler (und einige Preise, die das Befolgen kostet). In: Boudewijns; G.-J. (Hrsg.)(2007): Das mentale Paradoxon – The Mental Paradox, Wien: Krammer, 61–67. unter: http://gestalttheory.net/download/Laucken.pdf

Lepenies, Wolf (1985): Die *drei Kulturen:* Soziologie zwischen Literatur und. Wissenschaft. München: Hanser.
Link, Jürgen (1997): Versuch über den Normalismus. Opladen: Westdt. Verlag.
Lucius-Hoene, Gabriele (2008): Krankheitserzählungen und die narrative Medizin. In: Die Rehabilitation, 47, 90–97.
Luckmann, Thomas (2008): Konstitution und Konstruktion. In: Raab, Jürgen u. a. (Hrsg.): Phänomenologie und Soziologie. Wiesbaden: VS-Verlag.
Luhmann, Niklas (2002): Die Politik der Gesellschaft. Frankfurt am Main: Suhrkamp.
Luhmann, Niklas (2006): Organisation und Entscheidung. Frankfurt am Main: Suhrkamp.
Oevermann, Ulrich (1993): Die objektive Hermeneutik als unverzichtbare methodologische Grundlage für die Analyse von Subjektivität. In: Jung, Thomas; Stefan Müller Dohm (Hrsg.): „Wirklichkeit" im Deutungsprozess: Verstehen und Methoden in den Kultur- und Sozialwissenschaften. Frankfurt am Main: Suhrkamp, 106–189.
Plessner, Hellmuth (1928/1975): Die Stufen des Organischen und der Mensch. Göttingen: Walter de Gruyter.
Rheinberger, Hans-Jörg (2007): Historische Epidemiologie – zur Einführung. Hamburg: Junius.
Roth, Gerhard (1997): Das Gehirn und seine Wirklichkeit. Kognitive Neurobiologie und ihre philosophischen Konsequenzen. Frankfurt am Main: Suhrkamp.
Roth, Gerhard (2000): Geist ohne Gehirn? Hirnforschung und das Selbstverständnis des Menschen. In: Forschung & Lehre, 5, 249–251.
Sackett, D. L.; W. M. C. Rosenberg, J. A. M. Gray, R. B. Haynes und W. S. Richardson (1996): Evidence-based Medicine: What It Is and What It Isn't. In: British Medical Journal. 312, 71–72.
Schaeffer, Doris (Hrsg.) (2009): Bewältigung chronischer Krankheit im Lebenslauf. Bern. Huber.
Scheff, Thomas J. (1994): Microsociology. Discourse, Emotion, and Structure. Chicago: Chicago University Press.
Schönberger, Christine; Ernst von Kardorff (2004): Mit dem kranken Partner leben. Soziologische Fallstudien. Opladen: leske + budrich.
Schönberger, Christine; Ernst von Kardorff (2010): Die generationale Tradierung von Gesundheitskapital in der Familie. In: Ohlbrecht, Heike; Christine Schönberger (Hrsg.): Gesundheit als Familienaufgabe. München: Juventa, 191–211.
Schütz, Alfred (1973): Gesammelte Aufsätze. 3 Bde. Den Haag: Nijhoff
Schütze, Fritz (1999): Verlaufskurven des Erleidens als Forschungsgegenstand der interpretativen Soziologie. In: Krüger, Heinz-Hermann; Winfried Marotzki (Hrsg.): Handbuch erziehungswissenschaftliche Biographieforschung. Opladen: leske + budrich.
Schuntermann, Michael, F. (2005): Einführung in die ICF. Grundkurs, Übungen, offene Fragen. Landsberg: omed-Verlag.
Soeffner, Hans-Georg (1989): Auslegung des Alltags – Der Alltag der Auslegung. Frankfurt am Main: Suhrkamp.
Stehr, Nico (1994): Arbeit, Eigentum und Wissen: Zur Theorie von Wissensgesellschaften. Frankfurt am Main: Suhrkamp.
Strauss, Anselm; Barney Glaser (1967/dt.1998): Grounded Theory. Strategien qualitativer Forschung. Bern: Huber.
Strübing, Jörg (2008): Pragmatismus als epistemische Praxis. Der Beitrag der Grounded Theory zur Empirie-Theorie Frage. In: Kalthoff, Herbert; Stefan Hirschauer und Gesa Lindemann (Hrsg.): Theoretische Empirie. Frankfurt am Main: Suhrkamp, 279–311.
Weber, Max (1922/1980): Wirtschaft und Gesellschaft. Grundzüge einer verstehenden Soziologie. Studienausgabe. Tübingen: Mohr.
Wilson, Thomas P. (1969): Theorien der Interaktion und Modelle soziologischer Erklärung. In:

Arbeitsgruppe Bielefelder Soziologie (Hrsg.): Alltagswissen, Interaktion und gesellschaftliche Wirklichkeit. Reinbek: Rowohlt, 54–79.

Wolff, Stephan (2008): Wie kommt die Praxis zu ihrer Theorie? Über einige Merkmale praxissensibler Sozialforschung. In: Kalthoff, Herbert; Stefan Hirschauer und Gesa Lindemann (Hrsg.): Theoretische Empirie. Frankfurt am Main: Suhrkamp, 234–259.

Andreas Zieger

Verstehen und Erklären als gemeinsame Praxis am Beispiel der Deutung der Interaktion mit Patienten im Wachkoma

1. Problemorientierung und Zielstellung

Angeregt durch den Text von Rainer Hohlfeld (2008) sollen in diesem Beitrag dessen Thesen am Beispiel des Umganges mit der Seinsweise von Menschen im Wachkoma ergänzt, konkretisiert und so vertieft werden, dass der Scheingegensatz von „Erklären" und „Verstehen" in eine praktische Haltung des „teilnehmenden Verstehens" auf der Grundlage von „Mulitperspektivität" als angemessene erkenntnistheoretische Methode aufgelöst werden kann.

Die in den letzten Jahrzehnten in den Humanwissenschaften sich entwickelnde Verobjektivierung und Verdinglichung des Gegenstandes „Mensch" bzw. „Menschsein" ist gekennzeichnet einerseits durch ein reduziertes Verständnis des Lebensbegriffes (Ulrich 1997) wie andererseits durch die Herausbildung eines bioethisch verkürzten Menschenbildes, welches im biopolitischen Kontext zwischen „Menschsein" und „Personsein" mit Hilfe fragwürdiger Qualitäts- und Nützlichkeitskriterien unterscheidet (Strasser/Starz 1997).

Parallel dazu sind in der Hirnforschung verkürzte Sichtweisen eines „neuen Menschenbildes" entstanden, wonach das Gehirn als Subjekt und Quasi-Person „denkt", „fühlt" und „entscheidet", der Wille des Menschen „nicht frei" und das Ich-Gefühl als Urheber getroffener Willensentscheidungen eine „Illusion" sei. Solche Standpunkte werden in der gegenwärtigen „Neurodeterminismus"-Debatte von Hirnforschern wie Singer (2003) und Roth (2004) vertreten. Die erkenntnis- und wissenschaftstheoretische Kritik an dieser Debatte läuft auf die Einsicht hinaus, dass Singer und Roth *erstens* durch eine fragwürdige Interpretation der Libet-Experimente (Soon u. a. 2008) und *zweitens* durch ein einseitiges reduziertes Wissenschaftsverständnis vom Menschen, welches auf den naturwissenschaftlich-messenden Beobachterstandpunkt eingeengt ist, zu ihren Auffassungen gelangen: Der Mensch habe keinen freien Willen, weil sein Gehirn (subkortikal, unbewusst) bereits „entschieden" habe, bevor ich meine Willensentscheidung bewusst wahrnehme. Das „Ich" sei daher eine reine Illusion meines Gehirns. Legt man diesen Standpunkt einmal den Ausführungen von Singer und Roth selbst zugrunde, bedeutet dies, dass die Entscheidung zu ihren eigenen Aussagen nicht ihrem bewussten „Ich" (als Person), sondern einer letztlich nur naturwissenschaftlich zu erklärenden, hirnstofflichen Entscheidungsmaschinerie (als Objekt) entsprungen ist. Abgesehen von der fehlenden Überzeugungskraft einer solchen „ad infinitum"-Logik wird *drittens* mit der Gleichsetzung von Person (als Subjekt) und Gehirn (als Objekt) ein erkenntnistheoretischer Kategorienfehler deutlich.

Am Beispiel des Umganges mit Menschen im Wachkoma, die über keinerlei rationales Ich verfügen, aber dennoch „subkortikal" unbewusst willentlich leben und entscheiden (Dijksterhuis 2010, Zieger 2009), soll die Einseitigkeit des neurodeterministischen Standpunktes zurückgewiesen werden. Dem wird als Alternative ein erweitertes Erkenntnis- und Wissenschaftsverständnis gegenübergestellt, das die neueren Erkenntnisse und Erfahrungen zur „Intersubjektivität" und „sozialen Kognition" einschließt und für eine erkenntnistheoretisch-didaktische Haltung der „Multiperspektivität" (Münnix 2003) im Sinne eines unfassenden und ganzheitlich-integrierten Humanverständnisses (Menschenbild) argumentiert (Baumann u. a. 2010).

2. Wachkoma als menschenmögliche Seinsweise

Das Verständnis vom Konzept „Wachkoma" (syn.: apallisches Syndrom, vegetative state, coma vigile) als medizinisches Krankheitsbild ist als „Produkt" einer technisch- und naturwissenschaftlich orientierten Hochleistungsmedizin fragwürdig wie auch bioethisch umstritten (McCullagh 2004; Zieger 1998, 2004). Durch die menschenmögliche Seinsweise „Wachkoma" werden professionelle Helfer, Behandler und Forscher ebenso vor große Herausforderungen gestellt wie Angehörige und Familienmitglieder. Die Herausforderungen bestehen unter anderem darin, dass die Seinsweise im Wachkoma die herkömmlichen Grenzen unserer Erkenntnis-, Vorstellungs- und Empathiefähigkeit übersteigt. Berichte von Erfahrenen, die aus einem Koma und/oder Wachkoma wieder erwacht sind und von dieser Lebensphase berichten können, sind selten, weil die Zahl der Erwachten ohnehin sehr gering ist und häufig eine komplette Erinnerungslosigkeit besteht, so dass Berichte in der wissenschaftlichen Literatur meist nur als Einzelfallepisoden überliefert sind (Lawrence 1995, 1997; Hannich & Dierkes 1996; Raffael 2006).

Eine Narkose wird auch als „künstliches Koma" bezeichnet. Abgesehen davon, das damit hinsichtlich der ursächlichen *zum* Koma oder *aus dem* Koma führenden Mechanismen keine Erklärung, sondern nur eine modellhafte Vorstellung gegeben wird, hat sich seit den Forschungen über Wahrnehmungen in Narkose jedoch die Erkenntnis verbreitet, dass auch im narkosebedingten Koma wie auch im trauma- oder hypoxiebedingten Wachkoma sehr wohl subliminale, unbewusste, personenbezogene und emotionale Verarbeitungs- und Lernprozesse stattfinden können und es somit nach heutigem Kenntnisstand prinzipiell möglich ist, dass ein aus dem Koma Erwachter, ein „Komaerfahrener", aus der Zeit im Koma und Wachkoma von inneren Erlebnisse und Erfahrungen aus *Erster-Person-Perspektive (Subjektstandpunkt, Introspektion)* berichten kann. Mittels Coma Imagery haben komaerfahrene Menschen, die sich wegen psychischer Folgeprobleme in Hypnosetherapie begaben, ein bizarres „ver-rücktes" Bild vom eigenen Körper visualisiert, sowie typische Nahtoderlebnisse wie Tunnelphänomene oder Szenarien des Außerhalb-des-Körperseins. Von einigen Patienten wurden außerdem mit dem Körper charakteristische Abwehrhaltungen eingenommen, die das Trauma „verkörpert" symbolisierten und diagnostische Rückschlüsse auf die schädigende Gewalteinwirkung zuließen (Johnson 1980; van Lommel u. a. 2001; Zieger 2006b).

Trotz der befremdlichen und ungewöhnlichen Seinsweise von Menschen im Wachkoma als schwerste Form einer menschenmöglichen Behinderung beginnt sich in den letzten 20 Jahren im Verständnis von Begleitern, Behandlern, Angehörigen und Forschern in Medizin, Pflege und Therapie ein Paradigmenwandel zu vollziehen. In Überwindung einer defektorientierten Sichtweise der traditionellen naturwissenschaftlich-erklärenden Medizin *(Dritte-Person-Perspektive, Objekt- oder Beobachterstandpunkt, Erklären)* etabliert sich seit einiger Zeit ein systemisch und anthropologisch-orientierter, „beziehungsmedizinischer" Standpunkt (Zieger 2002, 2005). Dieser nimmt körpersprachliche Äußerungen und Verhaltensweisen des „autonomen Körperselbst" in teilnehmender Perspektive intersubjektiv wahr, entschlüsselt sie „körpersemantisch" und setzt sie in eine gemeinsam-geteilte Praxis der Förderung, Rehabilitation und Teilhabe um *(Zweite-Person-, Ich-Du- oder Teilnehmerperspektive, Verstehen)* (Zieger 2006a, 2009).

3. Methode und Forschungspraxis

Seit 1988 mit Beginn einer systematischen fachlich-klinischen und wissenschaftlichen Beschäftigung mit dem Komaproblem wurden die eigenen medizinisch reduzierten Kenntnisse und Beobachtungen durch einen interdisziplinären Dialog im Behandlungs- und Forschungsteam „neuropädagogisch" und „neuropsychologisch" inspiriert und philosophisch erweitert. Nach einer ersten Phase traditioneller neuromedizinischer klinischer Zugangsweisen und Forschungsfragen (Zieger 1998) hat sich ab 1997 mit der Etablierung eines Frührehateams eine zunehmend auf mitmenschliche Begleitung, Teilnahme und achtsames „Sich-Kümmern" beruhende Haltung im Umgang von Menschen nach schwerster Hirnschädigung entwickelt. Es geht primär nicht mehr um das Erklären, sondern um ein angemessenes Verstehen der Lebenssituationen und der erkenntnistheoretischen Sichtweisen auf menschenmögliche Seinsweisen von Koma und Wachkoma.

So wurde in den Jahren 1994 bis 2000 ein komplexes, messtechnisch-polygraphisches Untersuchungsverfahren eingesetzt, welches anhand psychophysiologischer Indikatoren (Hautwiderstand, Herzratenvarianz, EEG) die Wirkung von sensorischer Stimulation und Dialogaufbau unter Einbezug von Angehörigen bei Patienten mit schwerem Schädel-Hirntraum im Koma erfasste. Die Untersuchungen fanden auf zwei Intensivstationen mit neurotraumatologischen Koma-Patienten in Sanderbusch (Interventionsgruppe) und Oldenburg (Kontrollgruppe) statt. Die interaktionsbegleitenden und ereigniskorrelierten Untersuchungen wurden im ABA-Design durchgeführt. Als Indikatoren dienten unter anderem ereigniskorrelierte Herzfrequenzvarianzanalysen. Im Ergebnis wurde festgestellt, dass sensorische Stimulation und Dialogaufbau die Remission aus dem Koma signifikant zu einer klinischen Vergleichsgruppe begünstigt und in der Interventionsgruppe zu einem besseren funktionellen Outcome führt (Hildebrandt u. a. 2000; Zieger u. a. 2000). Mit Hilfe von das ursprüngliche Untersuchungsdesign erweiternden ereigniskorrelierten EEG-Power-Spektrum-Untersuchungen wurden Korrelate und Topographie von cerebralen Aktivierungsprozessen und in der rechten frontolateralen Hirnhälfte, die für emotionale Verarbeitungsprozesse wesentlich verantwortlich ist, analysiert. Zeitversetzt mit diesem noch überwiegend naturwissenschaftlich inspirierten Vorgehen entwickelte sich die Methodik des phänomenologischen Verstehens durch Begleitung, Teilnahme und Erspüren im körpernahen Dialogaufbau. Dies geschieht im direkten klinisch-pflegerischen, ärztlichen Kontakt, in Verbindung mit musiktherapeutischen Interventionen, im Rahmen zahlreicher Erfahrungen, Beobachtungen und Teambesprechungen der Patienten auf der Station für Frührehabilitation des Evangelischen Krankenhauses Oldenburg. Diese Erfahrungen werden in zahlreichen Fortbildungsveranstaltungen und Seminaren praktisch-sinnlich (mittels körperleibnaher Selbsterfahrungen) wie auch theoretisch weiterentwickelt (Publikationen, Lehrtätigkeit) und in Teamsupervisionen fortlaufend reflektiert.

4. Erfahrungen und Ergebnisse

4.1 Gemeinsam geteilte Praxis

Im einfühlsamen Dialog mit Menschen im Wachkoma werden zwischenleibliche Symptome in Gestalt interaktionsbezogener veränderter vegetativer Rhythmen und Zeichen wie auch winziger tonischer Regungen als vegetative Intelligenz bzw. „Körpersprache" des autonomen Körperselbst körpersemantisch emotional nachempfunden, reflektiert und als sinnvolle bedürfnis- und/oder situationsnahe Äußerungen entschlüsselt. Zum Beispiel wird profuses Schwitzen in Verbindung mit einer angedeuteten tonischen Unruhe (körperliches „Beben") und einer Gesichtsrötung nicht mit einer bloß vegetativen pathologischen Enthemmung erklärt, sondern als schmerzhafter Stress und Bedürfnis zum Lagerungswechsel verstanden. Die körpersemantischen Deutungen werden – handlungspraktisch relevant – als Aufforderung verstanden und in eine Veränderung der Lebenslage (wortwörtlich verstanden) umgesetzt. Wahrnehmung und Bewegung bekommen in dieser so von beiden Dialogteilnehmern „ausgehandelten" Situation eine konkrete situative Gestalt als Basis von Achtsamkeit, Sicherheit und Vertrauen wie zugleich raumzeitlicher Orientierung, Entwicklung und Förderung, eine elementare zwischenmenschliche Erfahrung, die implizit wahrgenommen und als „gelungene Beziehung" gelernt wird (Zieger 2005, 2006a).

Es konnte außerdem gezeigt werden, dass insbesondere emotional „geladene" Reizangebote, wie sie von Angehörigen durch Geruch, Stimme, Berührung und Körperbewegungen in das Dialogfeld eingeführt werden können, die rechte Gehirnhälfte, die die unbewusste, emotionale Informationsverarbeitung bevorzugt verarbeitet, aktiviert werden kann (Zieger u. a. 2000). Auch neuere Studien mit bildgebenden Messverfahren legen eine emotionale Ansprechbarkeit im Koma nahe (Eickhoff u. a. 2008). Bloßes Beobachten oder Mitempfinden von Schmerzen, die ein anderer Mensch erleidet, aktiviert beim Beobachter die gleichen Hirnzonen wie beim Schmerzgeplagten (Decety/Ickes 2009). Damit ist aufgezeigt, dass durch frühe empathische, kommunikativ-interaktionale Therapie- und Pflegeangebote, gerade auch vonseiten der Angehörigen, die Remission aus dem traumatisch bedingten Koma angebahnt und in vielen Fällen zu einem deutlich verbesserten funktionellen und alltagspraktisch relevanten Ergebnis führen kann.

4.2 Integriertes forschungsmethodisches Verständnis

Die intersubjektive Teilnehmerperspektive im Prozess der Förderung von Autonomieentwicklung kann durch interdisziplinäre Teamarbeit, wie sie in der neurologischen Frührehabilitation als Qualitätsmerkmal in der klinischen Arbeit etabliert ist, im Sinne einer nicht nur zwischenmenschlich, sondern auch forschungsmethodisch gebotenen „kontrollierten Subjektivität" wissenschaftlich reflektiert und einer weiteren Erforschung zugänglich gemacht werden. Dies geschieht, ohne sich in ideologischen Netzwerken eines gängigen substanzontologischen Dualismus-Denkens zu verfangen oder gar von „neurodeterministisch" eingestellten Forschern als unwissenschaftlich abgeurteilt zu werden. Eine Übersicht über die verschiedenen Erkenntniswege und die damit verbundenen Perspektiven, die in einem integrierten forschungsmethodischen Verständnis zusammengeführt werden, sind in Tabelle 1 dargestellt.

Erklären	Verstehen		
Quantitativ	Qualitativ		
Externalistisch	Internalistisch		Interaktionalistisch
Empirisch-analytischer Erkenntnisweg	Introspektiver Erkenntnisweg	Hermeneutisch-phänomenologischer Erkenntnisweg	Hermeneutisch-phänomenologischer (und dialektischer) Erkenntnisweg
Dritte-Person-Perspektive Objektperspektive	Erste-Person-Perspektive Subjektperspektive	Nachempfundene, mitgefühlte Subjektperspektive	Zweite-Person-Perspektive Intersubjektivität Gefühl/Empathie und Vernunft/Reflektion
Objektivität Außenbeobachter Kontrolle Messung Statistische Berechnung Signifikanzberechnung	Subjektivität Innenbeobachter Subjektive berichtete Eindrücke und Erlebnisse (Narrativ)	Fremdverstehen Fremdbeobachter Gute Falldarstellung Nachvollziehbarkeit	Kontrollierte Subjektivität (Supervisor/Teamarbeit) Teilnehmer, Begleiter Gemeinsam-geteilter Austausch, Reflexion und Interpretation gemeinsamer Gefühle und Überlegungen

Tabelle 1. Integriertes forschungsmethodisches Verständnis

Das anspruchsvolle integrierte, forschungsmethodische Verständnis und Design bedeutet, mich selbst nicht bloß als einen objektiven Beobachter zu begreifen, sondern zugleich als am Entwicklungsprozess des Patienten (und immer auch meiner selbst) teilnehmendes intersubjektiv handelndes Subjekt („Katalysator" oder Vermittler oder „Ermöglicher"). Auf die dazu erforderliche ästhetische Haltung wird weiter unten noch einzugehen sein.

5. Diskussion

Der eigene Forschungsentwicklungsprozess führte im klinisch-angewandten Kontext und unter Anwendung mit den im körpernahen Dialogaufbau emotional und sozial „angereicherten" Umgebungsbedingungen („primordiale Emotionen" und „aufdämmerndens Bewusstsein", Denton 2006; „Gehirn als Beziehungsorgan", Fuchs 2008) zu einem über das naturwissenschaftliche Paradigma des Messens und Beobachtens hinausgehenden Verständnisses des Deutens und Verstehens der in der Interaktion gespürten und erfahrenen Körperausdrücke, -symptome (Zeichen) und Verhaltensweisen. Ein umfassendes Verständnis vom Wachkoma bzw. Menschsein im Wachkoma ist am besten durch einen gemeinsam geteilten Interaktions- und Entwicklungsprozess zu gewinnen, in dem die unterschiedlichen Methoden wie Beobachten, Messen, Erklären, Spüren, Teilnehmen, Begleiten, Verstehen und Deuten als gleichberechtigte und aufeinander angewiesene Perspektiven von Körper/Leib-Seele/Geist („Aspektdualität" nach Fuchs 2008) oder „Multiperspektivität" (Keßler 2005; Münnix 2003) einbezogen werden.

In der Behandlung und Begleitung eines Menschen im Wachkoma ist eine ästhetische Haltung erforderlich, die zwischen empathischer Nähe und distanzierter Reflexion gleichsam künstlerisch oszilliert, um einen Raum zwischenleiblicher dialogischer Begegnung zu ermöglichen (vgl. Zieger 2001). Dabei wird das sich im spannungsvollen „Wach-Koma"-Begriff widerspiegelnde erkenntnistheoretische Leib-Seele- bzw. Gehirn-Geist-Problem bzw. die Subjekt-Objekt-Spaltung als „Scheinproblem" (Ulrich 2006) im Sinne von „Aspektdualität" erkannt (Fuchs 2008). Diese Spaltung kann in der Praxis mit Hilfe einer emotional betonten Beziehungsarbeit bzw. eines köpernahen Dialogaufbaus und einer ästhetischen Haltung im Sinne eines teilnehmenden Verstehens überwunden werden (Orange 2004; Zieger 2001).

Für die zwischenmenschliche Begegnung, den zwischenleiblichen Dialog und das körpersemantische Verstehen ist das unmittelbare Spüren des Körpers/Leibes erforderlich. Das gemeinsame Atmen, körpernahes Mitbewegen und „sprechendes Berühren" mit den Händen schaffen unmittelbare zwischenleibliche Resonanzräume für das dialogische Angesprochen- und authentisch „Gemeintsein". Zugleich entfaltet sich hier, was als „heilsame Kraft" empathischer Kommunikation verstanden wird (Gottschlich 2009).

Als entscheidendes Wahrnehmungs- und Messinstrument in der gemeinsamen Praxis der verstehenden Sinnsuche in teilnehmenden Prozessen und des analytischen Erklärens durch Beobachtung und Untersuchung hat sich das interdisziplinäre Team bewährt („kontrollierte Subjektivität"). Im Ergebnis resultiert wissenschaftstheoretisch, forschungsethisch und pädagogisch-therapeutisch eine ästhetische Grundhaltung, die zwischen empathischer Nähe und reflektierter Distanz oszilliert und als Wiedereinführung des Subjekts mit unberechenbaren, kreativen und künstlerischen Dimensionen (Erste Person-Perspektive) in Medizin und Wissenschaft begriffen werden kann (Schiffer 1995).

Da die Forschungsmethodik das Ergebnis wesentlich bestimmt, muss die Forschungsmethodik dem Forschungsgegenstand (der Frage- und Problemstellung) angepasst werden. Dabei ist die Anwendung quantitativer und qualitativer Forschungsmethoden nebeneinander mit Blick auf die zu erwartende Evidenz wissenschaftlich gleichwertig zu sehen (Stockman 2009). Je mehr der Forschungsgegenstand (das zu erkennende Phänomen) oder die Forschungssituation (zum Beispiel „Lernen in alltagsnahen, praktischen Handlungsdialogen in der neurologischen Frührehabilitation") sich als komplex darstellt, ist ein integriertes, mehrdimensionales und multiperspektivisches Wissenschaftsverständnis angezeigt, welches in der Forschungspraxis auf Inter- und Transdisziplinarität beruht. Die herkömmliche Einengung auf die Dritte-Person-Perspektive wird durch Aspekte der Erste- und Zweite-Person-Perspektive erweitert und vervollständigt. Transdisziplinäres Forschen übersteigt fachlichspezifische Grenzen, definiert und löst Probleme disziplinunabhängig. Dazu gilt es erst aber noch, eine gemeinsame Sprache zu finden (Mittelstraß 1998).

Für ein erweitertes Verständnis des forschenden Umganges mit dem Lebewesen Mensch wurden aus erkenntnis- und methodenkritischer Sicht (Fuchs 2008; Ulrich 2006), aus handlungsdialogischer und beziehungsmedizinischer Sicht (Hannich 1993; Zieger 2005) und gerade jüngst aus philosophischer Sicht einer Neubestimmung einer „Ethik des Lebendigen" von List (2009) erste „Meilensteine" gelegt. Mit diesem Beitrag wurde vor dem Hintergrund eigener Erfahrungen und Untersuchungen zum Umgang mit Menschen im Wachkoma die zentrale Grundannahme des neurodeterministischen Standpunktes, wonach jedes psychische Phänomen in ein naturwissenschaftliches Erklärungsmuster überführt werden müsse (Das Manifest 2004), eine weiteres Mal zurückgewiesen.

Gerade durch neue Erkenntnisse der „Sozialen Neurowissenschaft", zur „social cognition" (Vogeley 2008), durch den Nachweis aktivierbarer Hirnzonen während intersubjektiver Interaktion (Montague u. a. 2007) und zu den sozialen Ursprüngen des Selbstbewusstseins (Bauer 2005; Rochat 2009; Schubotz 2008), sind phänomenologische Ansätze von Ricoeur (1996) zum „Selbst als ein Anderer" wie auch das Subjekt einbeziehende „romantische" Wissenschaftsverständnis des kulturhistorischen Ansatzes (Lurija 1993) und seiner behindertenpädogischen, neuropsychoanalytischen und neurowissenschaftlich-phänomenologischen „Nachfolger" (Fuchs/Vogeley/Heinze 2007; Jantzen 2007; Solms/Turnbull 2004) von größter Bedeutung für das hier skizzierte Forschungsverständnis.

6. Schlussfolgerungen

Ein neurodeterministisch reduzierter Ansatz des ursächlichen Erklärens wird den vielfältigen Perspektiven und Dimensionen des komplexen Erkenntnisgegenstandes „Lebewesen Mensch im Wachkoma" als extreme, menschenmögliche Seinsweise nicht gerecht. Stattdessen ist ein integriertes, mehrdimensionales und multiperspektives Verständnis notwendig, welches Körper/Leib-Seele/Geist als substanzontologisches Scheinproblem versteht und als ein „geistiges Konstrukt" begreift (Ulrich 2006). Diese kann durch verschiedene Erkenntnismethoden und Perspektiven erschlossen, beschrieben und verstanden werden. Mit seiner Hilfe sind Außenstehende in die Lage versetzt, eine Person in seiner Interaktion mit anderen Menschen und seiner Umwelt umfassend und komplex wahrzunehmen (Fuchs 2008; Münnix 2003; Pieringer/Ebner 2001; Ulrich 2006). Hierzu ist eine fachübergreifende, systemische

Sichtweise in Verbindung mit einer ästhetischen wissenschafts- und erkenntnistheoretischen Haltung Voraussetzung. Wenn diese in der spürend-teilnehmenden und reflektierten Begleitung in der Interaktion mit einem anderen Menschen den Modus einer ästhetischen Haltung annimmt, entsteht teilnehmendes Verstehen in der Zweiten-Person-Perspektive. Durch diese Perspektive, wie sie z. B. im klinischen Alltag häufig nur intuitiv eingenommen wird, eröffnet sich – in einem meist unzulässig auf Evidenz und Signifikanz eingeengten Wissenschafts- und Forschungsverständnis – eine bisher häufig vernachlässigte Dimension menschlicher Erfahrungs- und Erkenntnisgewinnung. Die Sinnhaftigkeit und Notwendigkeit eines multiperspektiven Verständnisses wurde am Beispiel des Umganges mit der extremen menschenmöglichen Seinsweise von Menschen im Koma und Wachkoma zu verdeutlichen versucht.

Literatur

Bauer, Joachim (2005): Warum ich fühle, was Du fühlst. Intuitive Kommunikation und das Geheimnis der Spiegelneurone. Hamburg.

Baumann, Menno, Carmen Schmitz und Andreas Zieger (Hrsg.) (2010): Rehapädagogik – Rehamedizin – Mensch. Einführung in den interdisziplinären Dialog humanwissenschaftlicher Theorie und Praxisfelder. Baltmannsweiler: Schneider-Verlag Hohengehren.

Das Manifest (2004): Elf führende Neurowissenschaftler über Gegenwart und Zukunft der Hirnforschung. Gehirn & Geist, 4, 30–37.

Decety, John; Walter Ickes (2009): The Social Neuroscience of Empathy. Cambridge.

Denton, Derek (2006): The primordial emotions. The dawning of consciousness. Oxford.

Dijksterhuis, Ap (2010): Das kluge Unbewusste. Denken mit Gefühl und Intuition. Stuttgart: Klett-Cotta Verlag.

Eickhoff, Simon; Dafotakis, M.; Grefkes, C.; Stöcker, T.; Shah, N. J.; Schnitzler, A.; Zilles, K.; Siebler, M. (2008): fMRI reveals cognitive and emotional processing in a long-term comatose patient. Experimental Neurology, 214, 240–246.

Fuchs, Thomas (2008): Das Gehirn – ein Beziehungsorgan. Eine phänomenologisch-ökologische Konzeption. Stuttgart.

Fuchs, Thomas; Karl Vogeley und Martin Heinze (2007) (Hrsg.): Subjektivität und Gehirn. Lengerich/Berlin.

Gottschlich, Maximilian (2009): Medizin und Mitgefühl. Die heilsame Kraft empathischer Kommunikation. Wien/Köln/Weimar.

Hannich, Hans-Joachim (1993): Bewußtlosigkeit und Körpersprache. Überlegungen zu einem Handlungsdialog in der Therapie komatöser Patienten. Praxis der Psychotherapie und Psychosomatik, 38, 219–226.

Hannich, Hans-Joachim; Barbara Dierkes (1996): Ist Erleben im Koma möglich? Intensiv, 4, 4–7.

Hildebrandt, Helmut; Andreas Zieger und Axel Engel (2000): Herzratenvariabilität unter sensorischer Stimulation als prognostischer Parameter für das funktionelle Outcome beim schweren Schädel-Hirntrauma. Aktuelle Neurologie, 27, 1, 22–28.

Hohlfeld, Rainer (2008): Die Notwendigkeit der Revision des Erklärungsmodells in den Wissenschaften. Herausgegeben vom IMEW. Berlin.

Jantzen, Wolfgang (2007): Allgemeine Behindertenpädagogik Teil 1: Sozialwissenschaftliche und psychologische Grundlagen, Teil 2: Neurowissenschaftliche Grundlagen, Diagnostik, Pädagogik und Therapie. Berlin.

Johnson, Virginia (1980): Experimental recall of coma imagery. In: Shorr, J. E.; Sobel, G. E.; Robin, P. (Hrsg.): Imagery. Its Many Dimensions and Applications. New York, 357–374.

Keßler, Reinhard (2005): Multiperspektivität als Voraussetzung verantwortbarer Urteilsbildung. Münster.

Lawrence, Marleine (1995): The unconscious experience. American Journal of Critical Care, 4, 227–232.

Lawrence, Marleine (1997): In a world of their own. Experiencing unconsciousness. London.

List, Elisabeth (2009): Ethik des Lebendigen. Weilerwist 2009.

McCullagh, Peter (2004): Conscious in a vegetative state? A critique of the PVS concept. Dordrecht/Boston/London.

Lurija, Alexander Romanovich (1993): Romantische Wissenschaft. Forschungen im Grenzbezirk von Seele und Gehirn. Reinbek.

Mittelstraß, Jürgen (1998): Interdisziplinarität oder Transdisziplinarität? In: ders.: Die Häuser des Wissens. Frankfurt am Main, 29–48.

Montague, P. R.; Berns, G. S.; Cohen, J. D.; McClure, S. M.; Pagnoni, G.; Dhamala, M.; Wiest, M. C.; Karpov, I.; King, R. D.; Apple, N.; Fisher, R. E. (2002): Hyperscanning: simultaneous fMRI during linked social interactions. Neuroimage, 16, 4, 1159–1164.

Münnix, Gabriele (2003): Zum Ethos der Pluralität. Postmoderne und Multiperspektivität als Programm. Münster.

Orange, Donna (2004): Emotionales Verständnis und Intersubjektivität. Beiträge zu einer psychoanalytischen Epistemologie. Frankfurt am Main.

Pieringer, Walter; Franz Ebner (2001) (Hrsg.): Zur Philosophie der Medizin. Wien.

Raffael, Susanne (2006): Kopfzerbrechen. Notizen aus meinem Koma und die Zeit danach. Frankfurt am Main.

Rochat, Philippe (2009): Others in mind. Social origins of self-consciousness. New York.

Roth, Gerhard (2004): Aus Sicht des Gehirns. Frankfurt am Main.

Schiffer, Eckhardt (1995): Psychosomatische Grundversorgung als Wiedergewinnung ärztlicher Kunst. Möglichkeiten einer „Ästhetischen Erziehung des Arztes/der Ärztin". In: Greive, Wolfgang; Karl-Heinz Wehkamp (Hrsg.): Neurowissenschaften und ganzheitlich orientierte Medizin. Rehburg-Loccum, 79–88.

Schubotz, Ricarda (2008) (Hrsg.): Other minds. Die Gedanken und Gefühle Anderer. Paderborn.

Singer, Wolf (2003): Ein neues Menschenbild? Gespräche über Hirnforschung. Frankfurt am Main.

Solms, Mark; Oliver Turnbull (2004): Das Gehirn und die innere Welt. Neurowissenschaft und Psychoanalyse. Düsseldorf.

Soon, Chuon Siong; Brass, Marcel; Heinze, Hans-Joachim; Haynes, John-Dylan (2008): Unconscious determinants of free decisions in the human brain. Nature Neuroscience, 11, 5, 543–545.

Stockman, Ida (2009): Lernen in natürlichen Alltagsgeschehnissen. Vortrag zum „Kongress 20 Jahre Therapiezentrum Burgau" am 1.–3. Oktober (http://www.therapiezentrum-burgau.de/daten/ida-stockman.pdf?PHPSESSID=srhlrvkmyaxgii; Internetabruf am 27.12.2009).

Strasser, Peter; Edgar Starz (1997) (Hrsg.): Personsein aus bioethischer Sicht. Archiv für Rechts- und Sozialphilosophie, Beiheft 73. Stuttgart.

Ulrich, Gerald (1997): Biomedizin – die folgenschweren Wandlungen des Biologiebegriffs. Stuttgart.

Ulrich, Gerald (2006): Das epistemologische Problem in den Neurowissenschaften und die Folgen für die Psychiatrie. Der Nervenarzt, 11, 7, 1287–1300.

Van Lommel, Pieter; van Wees, R.; Meyers, W. u. a. (2001): Near-death experience in survivors of cardiac arrest: a prospective study in the Netherlands. Lancet, 358, 2039–2045.

Vogeley, Karl (2008): Soziale Neurowissenschaft. In: Schubotz, Ricarda (Hrsg.): Other minds. Die Gedanken und Gefühle Anderer. Paderborn, 31–48.

Zieger, Andreas (1998): Neue Forschungsergebnisse und Überlegungen im Umgang mit Wachkoma-Patienten. Rehabilitation, 37, 4, 167–176.

Zieger, Andreas (2001): Dialogaufbau und ästhetische Haltung – auf dem Wege zu einer neuen solidarischen Haltung durch Trialog-Entwicklung aus beziehungsmedizinischer Sicht. In: Doering, Walter; Waltraud Doering (Hg.): Von der Sensorischen Integration zur Entwicklungsbegleitung. Von Theorien und Methoden über den Dialog zu einer Haltung. Dortmund, 258–328.

Zieger, Andreas (2002): Der schwerstgeschädigte neurologische Patient im Spannungsfeld von Bio- und Beziehungsmedizin. Intensivpflege, 10, 6, 261–274.

Zieger, Andreas (2004): Verlauf und Prognose der sog. Apallischen Syndroms („Wachkomas") im Erwachsenenalter – Ein Beitrag aus beziehungsmedizinischer Sicht. In: Zieger, Andreas; Paul Walter Schönle (Hrsg.): Neurorehabilitation bei diffuser Hirnschädigung. Bad Honnef, 147–194.

Zieger, Andreas (2005): Beziehungsmedizinisches Wissen im Umgang mit so genannten Wachkoma-Patienten. In: Höfling, Wolfgang (Hrsg.): Das sog. Wachkoma. Juristische, medizinische und ethische Aspekte. Münster, 49–90.

Zieger, Andreas (2006a): Körpersemantik und körpernaher Dialogaufbau mit Menschen im Koma und Wachkoma. In: Kammerer, Thomas (Hrsg.): Traumland Intensivstation, Veränderte Bewusstseinszustände und Koma. Interdisziplinäre Expeditionen. Norderstedt, 73–88.

Zieger, Andreas (2006b): Traumatisiert an Leib und Seele – neuropsychotraumatologische Erkenntnisse und ihre Konsequenzen für den Umgang mit schwersthirngeschädigten Menschen im Wachkoma. In: Abteilung für Gesundheits- und Klinische Psychologie der Carl von Ossietzky Universität Oldenburg (Hrsg.): Impulse für Gesundheitspsychologie und Public Health. Achtsamkeit als Lebensform und Leitbild. Tübingen, 115–144.

Zieger, Andreas (2009): Autonomes Körperselbst im Wachkoma – Wahrnehmen, Erleben und Körpersemantik. In: Ingensiep, Hans Werner (Hrsg.): Sprache und Sinn in Grenzsituationen des Lebens. Würzburg, 237–246.

Zieger, Andreas; Hildebrandt, Helmut; Engel, Axel; Kleen, Karin; Barber Bußmann (2000): Multimodale Stimulation und interventionsbegleitendes Monitoring im Koma und apallischen Syndrom – Grundlagen, Methodik und Evaluation. Murnau, 1–47.

4. KAPITEL:

Grenzen des Verstehens

Christian Mürner

Gesunde können Kranke nicht verstehen

Karl Jaspers (1883–1969) und die Grenzen des Verstehens

Im August 1906 trägt der 23-jährige Karl Jaspers in sein Tagebuch ein: „Gesunde können Kranke nicht verstehen. Unwillkürlich beurteilen sie die Kranken in ihrer Lebensführung, ihrem Verhalten und ihren Leistungen so, als wenn sie auch gesund wären. Sie verstehen nicht, was die eigentlichen Leistungen sind im Kampfe mit der Schwäche […]. Sie achten diese Leistungen nicht, da sie dieselben nicht kennen" (Jaspers 1938, 40). Diese pointierte Aussage von sich selbst zitiert Jaspers in seiner „Krankengeschichte", die er 1938 schrieb, aber nicht veröffentlichte. Sie erschien erst 1967 in dem von seinem Assistenten, dem Basler Philosophen Hans Saner, herausgegebenen Buch mit dem Titel „Schicksal und Wille".

I.

Ich nehme diesen Titel „Schicksal und Wille" auf und frage: Werden diese Begriffe heute durch den „Neurodeterminismus" und die Infragestellung des „freien Willens" neu bestimmt? Und ebenso anknüpfend an Jaspers stellen sich die Fragen: Welche Chancen und Risiken liegen gegenüber dem kausalen Erklären im Verstehen? Gibt es gegenüber den Einschränkungen der kausalen Erklärung auch „Grenzen des Verstehens" (Jaspers 1913, 332) zu beachten?

In der Diskussion dieser Fragen beziehe ich mich auf Rainer Hohlfeld (2008). Rainer Hohlfeld hat das „Erfolgsmodell der Kausalität" prägnant in sechs Punkten benannt, aber auch verdeutlicht, dass die Perspektive von innen und diejenige von außen, d.h. die Teilnehmer- und Beobachterposition, „inkommensurabel" sind.

Hohlfeld spricht von der „Koexistenz der Standpunkte". Folgende Stelle aus Hohlfelds Aufsatz nehme ich zum Anlass meiner Fragen und Überlegungen zu Jaspers' Zitat aus dem Tagebuch. Hohlfeld bemerkt, dass die vorherrschende funktionale Erklärung der Biomedizin nicht ohne eine semantische Dimension Geltung erlangen könne. „Wenn das so ist, muss der Interpret Teilnehmer derselben Sprachgemeinschaft wie der Kranke sein. Dies aber können nur Subjekte sein, nicht Beobachter. Damit gehört die subjektive Interpretation der Krankheit zum Erkenntnisprozess aller diagnostischen Vorgänge" (ebd.). Sind diese Sätze Rainer Hohlfelds die positiv formulierte Variante zu Japsers' eher negativ artikulierten Aussage?

Zum Hintergrund der zitierten Tagebucheintragung schreibt Jaspers in seiner „Philosophischen Autobiographie" von 1953: „Alle Entschlüsse meines Lebens waren mitbedingt durch eine Grundtatsache meines Lebens. Von Kindheit an war ich organisch krank" (Jaspers 1953a, 12). Dass sein ständiges „körperliches Missbefinden", das in seiner Kindheit nicht ganz ernst genommen wird (was er im übrigen nicht bedauert), auf eine krankhafte Erweiterung der Bronchien (Bronchiektasen)[1], die eine ständige Schleimabsonderung erfordert und auf eine hinzukommende Herzschwäche zurückzuführen ist, erfährt Jaspers 1901. Er ist 18 Jahre alt. In einem Fachbuch liest er, dass diese Diagnose mit der Prognose einer geringen Lebenserwartung verbunden sei. Er selbst gibt sich noch fünf Jahre Lebenszeit – im Rückblick, angesichts seines Lebensalters von 86 Jahren, bemerkenswert. 1902, bei einem Kuraufenthalt in Sils-Maria, entschließt sich Jaspers Medizin zu studieren und „sein Leben einzurichten unter der Bedingung" seiner Krankheit. Als Motive seines Medizin- und Psychiatrie-Studiums nennt er, dass er „die Grenze der menschlichen Möglichkeiten zu kennen, das in der Öffentlichkeit gern Verschleierte und Nichtbeachtete in seiner Bedeutung zu erfassen" (Jasper 1953a, 123) versuchte.

Zum Umgang mit seiner Krankheit, zur eigenen „Krankheitseinsicht", notiert Jaspers: „Langsam lernte ich die Verfahren, die ich zum Teil selbst erfand. Unmöglich war die richtige Durchführung, wenn ich der normalen Lebensführung der Gesunden folgte […]. Die Krankheit durfte durch Sorge um sie nicht Lebensinhalt werden. Die Aufgabe war, sie fast ohne Bewusstsein richtig zu behandeln und zu arbeiten, als ob sie nicht da sei. Alles musste nach ihr gerichtet werden, ohne an sie zu verfallen" (ebd., 13).

Jaspers teilt seinen Tag genau ein und hält sich diszipliniert daran. Er verzichtet auf spontane Reisen, isst Diät, trinkt keinen Alkohol, raucht nicht, besucht äußerst selten gesellschaftliche Anlässe, Gastbesuche in seinem Haus werden zeitlich streng begrenzt. Er bemerkt: „Als Hochmut und Abschließung wurde ausgelegt, was bittere Notwendigkeit war" (ebd., 14). Seine Anfälligkeit und sein Husten (das Abhusten des Schleims) legt man tatsächlich auch schon mal als psychisch bedingtes Asthma aus.

---

1   Dies ist von den Symptomen vergleichbar mit der in der Gen-Debatte häufig zitierten Mukoviszidose/Zystischen Fibrose.

Jaspers' Distanziertheit kann als Ausdruck der „isolierenden Wirkung des Krankseins" interpretiert werden.[1] Hans Saner, der die letzten sieben Lebensjahre Jaspers' persönlicher Assistent war, schreibt 1974: Wer in die „Sorgen" um Jaspers' Krankheitszustand „nicht eingeweiht war, merkte nichts von ihnen. Er sah nur die Absonderlichkeit dieses Daseins: die geschmeidige und kräftig wirkende Hünengestalt, die sich überall schonte –, den Denker, der nicht wenig Ärgernis in der Öffentlichkeit erregte und doch nie in die Öffentlichkeit ging –, den Philosophen, dessen Denken unablässig um die Kommunikation kreiste, und der doch mit der Zeit für seine Mitmenschen sehr sparsam zu verfahren schien" (Saner 1974, 319).

Auf Fotos hinterlässt Jaspers einen blendenden Eindruck, in elegantem Anzug, von athletischer Statur. Auf diesen Bildern ist die auferlegte regelmäßige Lebensführung nicht erkennbar. Jaspers' Leben wird auch oft als „gelungen" oder „aus einem Guss" bezeichnet. In Jaspers' Biographie findet sich nichts Sensationelles, sein Leben sei „ereignisarm" gewesen, sagt Hannah Arendt (vgl. ebd., 313).

Nach dem Studium arbeitet Jaspers von 1908 bis 1915 an der damals in Deutschland durch Emil Kraepelin und Franz Nissl bekannten psychiatrischen Klinik in Heidelberg. Jaspers werden wegen seiner Krankheit außergewöhnliche Arbeitsbedingungen eingeräumt, er schreibt Gutachten und nimmt an Visiten teil, hat aber keine feste Arbeitszeit, er ist gewissermaßen freier Mitarbeiter, ohne Gehalt. Während dieser Jahre macht er seine Habilitation mit dem Titel „Allgemeine Psychopathologie", sie bildet zugleich, nachträglich betrachtet, den Abschluss seiner psychiatrischen und psychologischen Studien, denn Jaspers' Werk „Psychologie der Weltanschauung" von 1919 begründet, wie man sagt, seine Existenzphilosophie. 1921 wird er Professor für Philosophie in Heidelberg. Aufgrund seiner medizinischen Grundausbildung, schreibt Jaspers, habe er „im Kreis der Berufsphilosophen […] als Fremder" gegolten (Jaspers 1953a, 39). 1937 erhält Jaspers durch die Nazis Lehr-, ein Jahr später Publikationsverbot. Die Wahl der inneren Emigration entspricht vielleicht auch den besonderen Bedingungen durch die Krankheit. Durch seine jüdische Frau muss Jaspers ständig mit Repressionen rechnen. 1948 folgt er dem Ruf an die Universität Basel. Kurz vor seinem Tod, 1969, nimmt er das Schweizer Bürgerrecht an.

II.

Nach diesem aspekthaften, für das Folgende aber gewichtigen Lebensabriss, zurück zu Jaspers' Tagebuchnotiz: „Gesunde können Kranke nicht verstehen".[2]

---

1 „Die isolierende Wirkung des Krankseins ist in aller Stille unerbittlich. Man wird gleichsam ausgeschieden, ohne dass es jemand sagt. Man wird mit Mitleid behandelt, mit Schweigen und Verschweigen umgeben" (Jaspers 1938, 139).

2 Siehe auch Franz Christoph dazu: „Nichtbehinderte Beobachter geben vor, sich in die Person des Kranken, Leidenden und Behinderten hineinversetzen zu können […]. Trotzdem handelt es sich um

Jaspers verwirft also in jungen Jahren in einer strikten Formulierung die Möglichkeit der Einfühlung und des Fremdverstehens. Bleibt diese Einstellung auch in der späteren Ausführung seiner Version der Existenzphilosophie erhalten? Stimmt die radikale Trennung des privaten jungen Jaspers mit den Positionen des späteren namhaften Philosophen, für den „Grenzsituationen" wesentlich zur Selbstverwirklichung zählen, überein? Um eine kurze Antwort vorwegzunehmen, würde ich behaupten: In gewisser Weise Ja. Denn für Jaspers ist das Existenzielle konsequent von der Öffentlichkeit und der wissenschaftlich beschreibbaren „objektiven Welt" zu trennen, auch wenn diese Grenze durch Kommunikation zeitweise überwunden werden kann.

Anhand von drei kurz skizzierten Fragen möchte ich darauf eingehen, um die Aktualität, Brisanz und Diskussionswürdigkeit von Jaspers' Tagebucheintragung in Bezug auf die Problematik der Innen- und Außensicht, von subjektiven und verallgemeinerten Ansätzen zu veranschaulichen.

1.
Welchen Stellenwert haben kausale Erklärungen, Verallgemeinerungen und die Annahme des Fremdverstehens gegenüber existenziellen Situationen?

Bevor Jaspers in seiner „Krankengeschichte" von 1938 auf seine persönlichen Umstände eingeht, fragt er nach den allgemeinen Stellungnahmen des „Menschen zum Kranksein". Vor allem zitiert und kommentiert er einen Abschnitt aus Platons Buch zum Staat.[3] Aufgrund seiner Biografie ist es offensichtlich, warum Jaspers diese Ausführungen Platons zitiert. Wer „selbst krank" sei, könne sie „nur mit Widerwillen" lesen, bemerkt er. Platon täusche sich vor allem in der Verallgemeinerung, denn jede

---

ein Gewaltverhältnis. Denn der ‚einfühlende' Blickpunkt bleibt die Außenperspektive des nichtbehinderten Beobachters, er ignoriert den Konflikt zwischen Nichtbehinderten und Behinderten oder Kranken und Gesunden" (Christoph 1990, 123).

3 Platon sieht in der „entwickelten Heilkunst" ein „Anzeichen schlechter Sitten". Platon schreibt ziemlich geringschätzig über Herodikos, „welcher Meister in Leibesübungen war". Dieser habe, „als er kränklich wurde, seine Gymnastik in die Heilkunde hineingemischt und dadurch zuerst am meisten sich selbst abgequält". Da er sich selbst aber nicht heilen konnte, so lebte er, wie Platon es schildert, „ohne sich mit etwas anderem zu tun zu machen, immer an sich kurierend fort, elend, sobald er nur im mindesten von der gewohnten Lebensordnung abwich; und so brachte ihn seine Kunst in einem schweren Sterben bis zu einem hohen Alter." Platon trägt dagegen die Ansicht vor, dass es sich in einem guten Staat niemand leisten könne, „sein Leben lang krank zu sein". Er beruft sich dabei auf Asklepios, den Gott der griechischen Heilkunst – der von einer Schlange umwundene Äskulapstab ist noch heute das Symbol des Arztberufes und der Apotheken. Asklepios habe die Heilkunst allein für die Gesunden, die hin und wieder vorübergehend krank würden, erfunden. „Die innerlich durch und durch krankhaften Körper aber habe er nicht", fährt Platon fort, „versucht durch Lebensordnungen jetzt ein wenig zu erschöpfen und dann wieder ebenso zu begießen, um den Menschen selbst ein langes und schlechtes Leben zu bereiten und noch Nachkömmlinge, die, wie man vermuten muss, nicht besser sein werden, von ihnen zu erzielen. Sondern den, der nicht in seinem angewiesenen Kreise zu leben vermag, den glaubte er auch nicht pflegen zu müssen, weil er weder sich selbst noch dem Staate nützt" (Platon 1958, 137ff.).

Krankheit bringe etwas Besonderes zum Ausdruck. Infolge dieser Einzigartigkeit sei Verständigung darüber nicht möglich und nicht zu erwarten. Jaspers notiert: „Immer ist der Mensch in seiner Lage als ein Einzelner vor die Aufgabe gestellt, mit seiner Krankheit in seiner Welt eine Lebensform zu finden, die nicht allgemein entworfen und nicht identisch wiederholt werden kann. Diese Aufgabe kann der Kranke nur ergreifen in der Welt, die ihn nicht einfach vernichtet. Eine Welt, in der lückenlos der Mensch nur nach allgemeinen und typischen Leistungsfähigkeiten und mechanisierten Einordnungen zugelassen wird, hat für den Kranken keinen Raum […]. Die Forderung, aus freiwilligem Verzicht bei chronischer Krankheit heroisch zu sterben, leugnet für den Kranken jede Lebensmöglichkeit. Solche Leugnung hat keinen Blick für die realen Möglichkeiten. Sie schaltet nur aus, was vom Standpunkt des Gesunden unbequem ist" (Jaspers 1938, 112).

Beinahe entsteht der Eindruck, als ob Jaspers hier auf die modernen bioethischen Visionen reagieren würde und nicht auf die „kalte Hoheit" des antiken Platon, dem er doch an anderer Stelle bescheinigt, dass von ihm die „tiefsten Antriebe des Philosophierens ausgegangen" seien (Jaspers 1953b, 150). Doch auch Jaspers ging von einem Allgemeinen aus, z. B. bei der „Leistung der Sprache" und unterschätzt dabei die Kommunikationsmöglichkeiten gehörloser Menschen.[4]

2.
Welche Rolle spielen Projektionen und Idealisierungen beim Fremdverstehen und beim Selbstverständnis?

In den Jahren 1941/42 arbeitet Jaspers seine Habilitation zur „Allgemeine Psychopathologie" von 1913 um, erweitert sie um gut das doppelte des Umfangs und richtet sie existenzphilosophisch aus. Aufgrund des Publikationsverbots erscheint diese Ausgabe erst 1946. Sein zentraler theoretischer Ansatz ist die „phänomenologische Einstellung". Der erste Satz des ersten Kapitels lautet folgendermaßen: „Die Phänomenologie hat die Aufgabe, die seelischen Zustände, die die Kranken wirklich erleben, uns anschaulich zu vergegenwärtigen, nach ihren Verwandtschaftsverhältnissen zu be-

---

4   In seinem Buch „Von der Wahrheit" im Kapitel über die „Sprache" schreibt Jaspers 1947 aber unter der Überschrift „Der Einzelne wird Mensch durch Überlieferung der Sprache" folgendes: „Allein durch die Sprache überkommt uns das geistige Erbe. Nicht unterrichtete Taubstumme bleiben schwachsinnig. Unterrichtete beweisen die bis zu einem gewissen Grade mögliche Übertragbarkeit des sprachlichen Gehalts aus der akustischen in andere Sinnesformen. Aber es bleiben unüberwindbare Mängel des Denkens und Auffassens der Taubstummen, und bei dieser Übertragung in stumme Gebärden scheint die Sprache ihr geistig schaffendes Leben einzubüßen" (Jaspers 1980, 306f). Jaspers konnte natürlich 1947 nicht den kulturellen und sprachwissenschaftlichen Auffassungswandel der 1980er-Jahre und die Anerkennung der Gebärdensprache als der Lautsprache ebenbürtige Ausdrucksform voraussahnen, seine Einschränkung der Einfühlung hätte ihn allerdings warnen können. Siehe Lane (1988): Mit der Seele hören; Sacks (1990): Stumme Stimmen; Heßmann (1998): Behinderung und sprachliche Diskriminierung am Beispiel von Gehörlosen.

trachten, sie möglichst scharf zu begrenzen, zu unterscheiden und mit festen Termini zu belegen" (Jaspers 1959, 47).

Fremdpsychisches könne man nicht, sagt Jaspers nun, „direkt wahrnehmen", man sei auf Einfühlung angewiesen und dabei böten die „Selbstschilderungen der Kranken" die erste Hilfe. Die phänomenologische Einstellung setze immer wieder die „Einzelheit", das „unmittelbar Erlebte", an den Anfang und versuche in dieser das Allgemeine oder „das Identische im Mannigfaltigen" zu entdecken. Jaspers unterscheidet in klassischer geisteswissenschaftlicher Tradition in Erklären und Verstehen, wobei es „Grenzen des Verstehens" gebe, aber eine „Unbeschränktheit des Erklärens". Dem kausalen Erklärungsmuster in Medizin und Psychiatrie fügt er die „verstehende Psychologie" hinzu. Damit trennte er das zu seiner Zeit vorherrschende Dogma – „Geisteskrankheiten sind Gehirnkrankheiten" – von dem ebenso verabsolutierenden Satz: „Geisteskrankheiten sind Krankheiten der Persönlichkeit" (vgl. ebd., 372 und 382). Nach Jaspers hat die psychopathologische Grundlagenforschung zwischen der „Entwicklung einer Persönlichkeit" und einem „Prozess" zu unterscheiden. Die Entwicklung ist kontinuierlich und einheitlich, während der Prozess an einem bestimmten Punkt im Lebenslauf beginnt, einen Bruch darstellt, der die Persönlichkeit verändert.

Jaspers geht nicht von einem eindeutigen „Begriff der seelischen Krankheit" aus, einen solchen zu begründen, schien ihm unwichtig. Der Krankheitsbegriff schwanke zwischen einem Wertbegriff und einem Durchschnittsbegriff. Die „Stellungnahme des Kranken zur Krankheit" erachtet Jaspers als bedeutungsvoll für die Umgangsweise und Interaktion. Ich kopple dies mit seiner frühen Tagebuchnotiz, dass Gesunde Kranke nicht verstünden, weil die Gesunden ihre Maßstäbe auf die Kranken projizierten. Zwar hat Jaspers durch die „verstehende Psychologie" der Einfühlung ihren Platz zugewiesen, aber auch begrenzt. Er notiert: „Wir finden unverständlich, was den Kranken selbst gar nicht unverständlich, völlig begründet und keineswegs merkwürdig vorkommt" (ebd., 486). Dies ließe sich nicht einfach auf eine Funktionsstörung reduzieren, weil Unzusammenhängendes durchaus in einem völlig durchschaubaren Kontext liege könne. Es sei leicht, sagt Jaspers, den Kranken die Namen der Krankheiten überzustülpen, aber das „Verständnis" ihrer Situation bleibe lückenhaft oder könne Gefahr laufen, in Geschichten oder Biografien idealisiert zu werden. Verstehen beruht auf der Standort gebundenen, potenziellen Gegenseitigkeit, nicht in der Einseitigkeit, dass „der Kranke die Auffassung des Psychopathologen sich zu eigen" mache (Jaspers 1949, 111).

3.
Welche Konsequenzen ergeben sich aus Grenzsituationen und aus der Grenzenlosigkeit oder der Vielschichtigkeit des Verstehens?

Beim „Selbstsein", bemerkt Karl Jaspers 1931 (Jaspers 1931, 164ff), beginne die lebensweltliche Verwirklichung des Einzelnen und zugleich die Existenzphilosophie, die durch „Grenzsituationen" umschrieben wird. Grenzsituationen, unter denen Jaspers hauptsächlich den Kampf, den Zufall, die Schuld, die Krankheit, den Tod nennt, werden von ihm mit Existieren gleichgesetzt. Grenzsituationen sind nicht nur negativ bestimmt, sondern es geht dabei auch um Möglichkeiten und eine gewisse Ursprünglichkeit. Jaspers kontrastiert zwar Krankheit als Grenzsituation wie gewöhnlich zuerst als etwas Bedrückendes und als Verlust an sozialen Kontakten, dann aber auch als „Leistung" oder als Entfaltung einer besonderen „Lebensführung". Dabei hebt Jaspers hervor, dass an den Kranken durchaus auch Ansprüche bestünden (vgl. Jaspers 1938, 112).

Jaspers geht von einer klaren Trennung von Philosophie und Wissenschaft aus, faktisch räumt er der Wissenschaft Priorität ein, dafür spricht er vom „philosophischen Glauben" und von der „Existenzerhellung". Erhellen (als existenzielle Reflexion) grenzt Jaspers vom Erkennen ab. Es handelt sich beim Erhellen allerdings gewissermaßen um eine „Kausalität von innen" (Jaspers 1913, 329).

In der Medizin ist nach Jaspers ein Erkennen und „zweckhaftes Eingreifen" ohne Objektivierung nicht möglich. Dann ergänzt er: „Die medizinische Wissenschaft macht keineswegs Krankheiten zu substantiellen Wesen. Sie hat immer Bestimmtes und seine Beziehungen und damit Einzelnes in der Hand, weiß, dass dieses umgriffen ist von dem, was man das Ganze nennt. Der Begriff dieses Ganzen ist aber nur ein Zeiger, der verwehrt, irgendein Objekt selber schon für das Ganze zu halten, das heißt zu verabsolutieren. So kann kein Mensch als Ganzes objektiviert und damit durchschaut werden. Ihn als Ganzes zu objektivieren, lässt ihn gerade verfehlen. Alle Ganzheitsbegriffe, sofern sie etwas fasslich werden lassen, erweisen sich als Begriffe von etwas Partikularem" (Jaspers 1986, 25). Wieder scheint mir, als ob Jaspers auf gewisse aktuelle biomedizinische Beschränkungen antworten würde. Krankheit und Behinderung werden von Jaspers also vorzugsweise im philosophischen Rahmen einer Lebensform betrachtet. Außerdem ist es nach Jaspers „aussichtslos", das, was Gesundheit genannt wird, allgemeingültig zu bestimmen. Eine Gesundheit, die mit Vollkommenheit identisch sei, gebe es nicht, andererseits aber könne ein grenzenloser Krankheitsbegriff tatsächlich Beunruhigungen auslösen (ebd., 53).

III.

Die Behauptung des jungen Jaspers – „Gesunde können Kranke nicht verstehen" – widerspricht im Grunde sämtlichen hermeneutischen Ansätzen. Sie veranschaulicht die „unaufhebbare Kollision des Subjektiven und des Objektiven" (Nagel 1992, 151). Aufgrund der bedeutungsvollen Beteiligung der mentalen an den körperlichen (beobachtbaren und messbaren) Zuständen und Vorgängen, werden die Betrachtungsweisen in „verschiedenen Hinsichten" (Bieri 2001, 258) entscheidend. Die verschiedenen Perspektiven sind ein Erfolg der Differenzierung und bilden zugleich einen Schnittpunkt der Auseinandersetzung.

Rainer Hohlfelds Essay trägt den Titel „Die Notwendigkeit der Revision des Erklärungsmodells in den Wissenschaften". Von einer „Notwendigkeit der Revision des Verstehensmodells" lässt sich schon aufgrund des „hermeneutischen Zirkels" nicht sprechen. Diesem Zirkel, der Verstehen, z. B. auf dem Vorverständnis der möglichen Gegenüberstellung von Gesundheit und Krankheit aufbaut, ist Jaspers' Aussage unterworfen. Man kann betonen, dass es nicht um Gesundheit und Krankheit als Gegebenheit geht, sondern um gesunde und kranke Menschen, und darin spiegelt sich der Konflikt um das Erklärungs- und Verstehensmodell. Aber das ist paradoxerweise zugleich eine Annäherung im Umgang, denn die „Notwendigkeit der Revision" besteht – so lese ich Hohlfeld zusammen mit Jaspers – in der Reflexion der eigenen Beteiligung und der Partizipationsmöglichkeiten.

IV. Anhang

In Bezug auf Fragmente einer Realgeschichte des Postulats des Nichtverstehens soll mit folgenden zwei angehängten Darstellungen aufgezeigt werden, dass Jaspers' Position keine isolierte oder gar radikale Stellungnahme war, sondern dass sie in einem Kontext steht und gesehen werden kann. Diese Aspekte und Personen lassen sich kaum auf einen Nenner bringen, aber sie zeigen – obwohl sie nichts beweisen[5] – die Bedeutung der Position.

Viktor von Weizsäcker weist 1926 in einem Text mit dem Titel „Der Arzt und der Kranke", auf „den gefährlichen Doppelsinn des Wortes ‚verstehen'" hin. Er schreibt: „Wir verstehen die Krankheiten, aber wir verstehen *dadurch* nicht die Not der Krankheit und nicht, was dem Kranken not tut" (von Weizsäcker 2008, 126). Weizsäcker fügt zu, dass jedoch bei der Hinwendung zur Not oder zum Verständnis der Not des kranken Menschen oft ein unerklärlicher, „kindlicher Kampf" gegen die naturwissenschaftliche Medizin geführt werde. Dabei bleibe aber der Unterschied zwischen

---

5   Vgl. Robert Spaemann (in Bezug auf Lessing): „Parallelität (ist) noch kein Beweis von Kausalität" (Spaemann 2008, 72).

„Jemanden verstehen" und „Etwas verstehen" erhalten. „Verstehen heißt also hier gar nicht das wissen, was ich weiß, sondern wissen, dass und was ein *anderer* weiß" (ebd., 130). In dem Text „Über medizinische Anthropologie" von 1927 schreibt Weizsäcker: „Ein kranker Mensch ist für den Arzt also *letzten* Endes weder einfühlbar noch verstehbar, und ich muss überhaupt bestreiten, dass man als schmerzfreier den *Schmerz*, den wirklichen Schmerz des Kranken selbst, die wirkliche Minorität des Neurotikers selbst, die wirkliche Schuld des Melancholikers selbst nachfühlen und verstehen kann" (ebd., 161). Weizsäcker charakterisiert diese Situation mit der „Ferne des Erkennens" und der Nähe von Arzt und Patient im „Gestaltkreis" der Entscheidung, der ärztlichen Behandlung.

In seinem Vortrag zur „Hermeneutik und Psychiatrie" von 1989 sagt Hans-Georg Gadamer: „Die Partnerschaft zwischen Arzt und Kranken bleibt auch in vielen solchen Fällen durch eine unüberschreitbare Kluft getrennt. Zu ihrer Überbrückung kann, scheint es, keine Hermeneutik hilfreich sein – und doch muss die Partnerschaft zwischen Mensch und Mensch auch im Falle der schwersten Fälle vom Arzt – und, wer weiß, vielleicht auch für den Kranken? – ihr Recht verlangen. Albert Camus erzählt einmal die folgende Geschichte. In einer Nervenanstalt sieht ein vorübergehender Arzt, wie einer seiner Patienten mit einer Angel in der Badewanne fischt. Eingedenk der unaufhebbaren Partnerschaft zwischen Mensch und Mensch fragt der Arzt den Patienten im Vorbeigehen: Nun, beißen sie an? Der Kranke antwortet: Idiot. Siehst du denn nicht einmal, dass es eine Badewanne ist? Wie da die Fäden hin und her gehen. Im vollsten Wahn volle Klarheit" (Gadamer 1993, 210).

Gadamer (1900–2002) war, gerade als er 1922 seine Dissertation abgegeben hatte, zusammengebrochen. Er war an Poliomyelitis erkrankt, mit Lähmungen an Beinen und Handgelenken (vgl. Grondin 1999, 108f.). Die Krankheit unterbrach kurzzeitig seine akademische Karriere. In dem „politischen Rehabilitierungslager" 1935, an dem Gadamer freiwillig teilnahm, beteiligte er sich auch an langen Märschen „trotz seiner Kinderlähmung". Weil er aber langsamer als die anderen war, entstand der Vers: „Der Gadamer / hinkt hinterher" (ebd., 206ff.). Gadamer hatte Kontakt mit Jaspers auch in den 1930er Jahren und wurde 1949 als Jaspers-Nachfolger nach Heidelberg berufen (ebd., 238).

Literatur

Bieri, Peter (2001): Das Handwerk der Freiheit. München.
Christoph, Franz (1990): Tödlicher Zeitgeist. Köln.
Gadamer, Hans-Georg (1993): Über die Verborgenheit der Gesundheit. Frankfurt a.M.
Grondin, Jean (1999): Hans-Georg Gadamer. Tübingen.
Heßmann, Jens (1998): Behinderung und sprachliche Diskriminierung am Beispiel von Gehörlosen. In: Eberwein, Hans; Ada Sasse: Behindert sein oder behindert werden? Neuwied, 170–194.

Hohlfeld, Rainer (2008): Die Notwendigkeit der Revision des Erklärungsmodells in den Wissenschaften. Herausgegeben vom IMEW. Berlin.

Jaspers, Karl (1913): Kausale und „verständliche" Zusammenhänge zwischen Schicksal und Psychose bei der Dementia praecox (Schizophrenie). In: ders. (1963): Gesammelte Schriften zur Psychopathologie. Berlin.

Jaspers, Karl (1931): Die geistige Situation der Zeit. Berlin, zitierte Ausgabe von 1978.

Jaspers, Karl (1938): Schicksal und Wille. München, herausgegeben von Hans Saner 1967.

Jaspers, Karl (1949): Strindberg und van Gogh. Berlin, zitierte Ausgabe von 1998.

Jaspers, Karl (1953a): Philosophische Autobiographie. München, zitierte Ausgabe von 1977.

Jaspers, Karl (1953b): Einführung in die Philosophie. München.

Jaspers, Karl (1959): Allgemeine Psychopathologie. Berlin.

Jaspers, Karl (1980): Was ist Philosophie? Lesebuch. München.

Jaspers, Karl (1986): Der Arzt im technischen Zeitalter. München.

Lane, Harlan (1988): Mit der Seele hören. München.

Nagel, Thomas (1992): Der Blick von nirgendwo. Frankfurt a.M.

Platon (1958): Politeia. Reinbek bei Hamburg.

Sacks, Oliver (1990): Stumme Stimmen. Reinbek bei Hamburg.

Saner, Hans; Klaus Piper (1974) (Hrsg.): Erinnerungen an Karl Jaspers. München.

Spaemann, Robert (2008): Rousseau – Mensch oder Bürger. Stuttgart.

Von Weizsäcker, Viktor (2008): Warum wird man krank? Frankfurt a.M.

Markus Dederich

Grenzen des Fremdverstehens

1. Zur Problemlage

In ihren radikalen oder konsequenten Varianten führen neurodeterminstische Modelle nicht nur alle Hirnvorgänge auf materielle Prozesse zurück, sondern auch Geist, Bewusstsein, Gefühle, Willensakte, Handlungen und Handlungsdispositionen. Das auf materieller Grundlage operierende Gehirn ist daher in dieser Forschungsperspektive der Schlüssel, um menschliches Wahrnehmen, Fühlen, Denken und Handeln naturwissenschaftlich zu erklären. Deshalb ist es in ihrem Rahmen nur folgerichtig, alle durch Beobachter festgestellten Pathologien, Abnormitäten, Anomalien und Devianzen, die sich im Wahrnehmen, Fühlen, Denken oder Handeln eines Menschen zeigen, kausal auf materielle Prozesse im Gehirn zurückzuführen und durch diese restlos zu erklären. Auf der Grundlage dieser Erklärung wüssten wir dann beispielsweise alles Relevante, was wir über kranke oder behinderte Menschen wissen müssten. Die komplexen Verflechtungen von Leib und Lebenswelt (vgl. Fuchs 2008), aber auch familiäre und soziale Kontexte sowie gesellschaftliche und kulturelle Aspekte von Krankheit und Behinderung wären damit erfolgreich zum Verschwinden gebracht oder zumindest zu eher sekundären Randbedingungen erklärt worden.

Das sind, sehr grob formuliert, einige wichtige Grundannahmen und Implikationen neurodeterministischer Modelle. Zu den philosophischen Fragen, die hierdurch aufgeworfen werden, gehört nicht nur das viel diskutierte Problem der Willensfreiheit, sondern noch grundlegender die Frage nach der ‚Natur' menschlicher Subjektivität und Intersubjektivität. Unter anderem betrifft diese Frage das Verhältnis von Ich/Selbst/sozialer und materieller Umwelt und deren ‚Vermittlung' durch den Leib, die Sinne, soziale Interaktion und Sprache. Dabei ist die Frage durchaus umstritten, ob neuroderterministische Modelle überhaupt etwas zu dieser philosophischen Debatte beitragen können.

Ich möchte mit meinen nachfolgenden, sehr skizzenhaften und provisorischen Überlegungen hier ansetzen. Dabei gehe ich von der Annahme aus, dass geistige Phänomene ebenso wie soziale Phänomene *Bedeutungs- bzw. Sinnphänomene* sind. Von hier aus gesehen besteht das Hauptproblem des Neuroderterminismus darin, den Zusammenhang zwischen (durch technologisch-mediale Vermittlung ermöglichter) Beobachtung von materiellen Prozessen im Gehirn (also dem Feuern der Neuronen und der Aktivierung bestimmter Hirnareale bzw. neuronaler Netzwerke) und erlebtem Bewusstseinsinhalt, dessen subjektiven Sinn sowie seiner sozialen Bedeutung zu erklären. Einerseits gibt es eine Fülle von erdrückend scheinenden Belegen für neuronale Korrelate des phänomenalen Bewusstseins. Anderseits ist es heute immer noch nicht möglich, Sinnphänomene aus materiellen Prozessen abzuleiten oder gar abzulesen. Was wissen wir, so hatte bereits Hans Jonas gefragt, über das Bewusstsein der Menschen, über ihr Wahrnehmen, Fühlen und Denken, wenn wir uns ihm allein in einer strikt mathematisch-naturwissenschaftlichen Perspektive nähern würden? In dieser Perspektive könnte ein forschender Beobachter „z. B. eine bis ins kleinste gehende Bestandsaufnahme der Zusammensetzung des Auges, des optischen Nervs, des Sehzentrums im Gehirn und der darin bei Lichtreizen vorgehenden Veränderungen haben, ohne doch solcher ‚vollständigen' Information je entnehmen zu können, dass er einem Sehvorgang beiwohnte" (Jonas 1994, 171). In einer solchen Annäherung wäre nämlich völlig unbekannt, was es überhaupt bedeutet, zu sehen. Mathematiker, Physiker und Biologen können mathematische, physikalische und biologische Phänomene beobachten, nicht jedoch das Bewusstsein.

Materialische Erklärungsmodelle können als abweichend oder abnorm interpretierte Bewusstseinsvorgänge (Affekte, Gefühle, Gedankengänge usw.) kausal auf genetische Aberrationen, organische Läsionen oder pathologische Verarbeitungsprozesse im Gehirn zurückführen. Damit wäre das Problem aus strikt neurowissenschaftlicher Sicht geklärt. Konkret erlebte Sinngehalte von Wahrnehmungen, Gedanken, Gefühlen oder Handlungen, also die Inhalte des phänomenalen Bewusstseins, wären sekundär und für die Behandlung der Krankheit weitgehend irrelevant, weil sich nach diesem Deutungsschema das phänomenale Bewusstsein lediglich wie ein Epiphänomen zu den materiellen Basisprozessen verhält.

Nun erkennen die modernen Neurowissenschaften die Tatsache des Bewusstseins durchaus an. Ein Vorschlag, den offensichtlichen Bruch zwischen beobachtbaren neuronalen Vorgängen und erlebten Bewusstseingehalten zu überbrücken, ist die Theorie der ‚doppelten Buchführung' von Humberto Maturana und Francisco Varela (1987). Diese beruht auf einer strikten Trennung der Beobachterperspektive und der Kommunikationsperspektive. Auf der einen Seite erfolgt eine naturwissenschaftliche Beobachtung der materiellen Prozesse im Gehirn; auf der anderen Seite erfolgt die Kommunikation mit Individuen bzw. die innere Selbstverständigung, die mit den

Mitteln der Sprache auf der Ebene der Bedeutungs- und Sinngebung operiert. Tatsächlich entspricht diese Lösung im Grundsatz den Modellen, die gegenwärtig in der Hirnforschung hoch im Kurs stehen. Sie reproduzieren allerdings den alten cartesianischen Leib-Seele-Dualismus mit all seinen problematischen Implikationen. Subjektiv erlebte Akte und Zustände werden von (nur von außen) beobachtbaren Akten und Zuständen des Gehirns unterschieden, zu denen das Subjekt in seinem Erleben keinen Zugang hat. Durch diese doppelte Buchführung „schreibt der Hirnforscher der Versuchsperson etwas zu, von dem sie aus eigenem Erleben nichts weiß und nichts wissen kann [nämlich bestimmte neuronale Prozesse, MD], und umgekehrt erlebt diese etwas, was sich der Fremdbeobachtung entzieht" (Waldenfels 2002, 410).

Was bedeutet dies für unser Verständnis von Erkrankungen? Krankheiten sind (auch!) Bedeutungsgeschehen – sie werden im Missbefinden und Schmerz, im Zurückgeworfenwerden auf den eigenen Körper und in der gleichzeitigen Entfremdung von ihm leiblich und sinnlich durchlebt, sie führen zu Irritationen, zerreißen oder unterbrechen den vertrauten Lauf der Dinge, werfen Menschen auf sich selbst zurück, münden in (befristete oder dauerhafte) Abhängigkeiten, wirken in soziale Gefüge hinein und werden mit kulturellen Deutungsmustern aufgeladen, wecken Gefühle wie Angst und Hoffnung und lassen die (längst nicht immer beantwortbare) Sinnfrage aufkommen (vgl. Dederich 2009). Ebenso stellt sich für manche Menschen die Frage, welche Bedeutung eine eigene Erkrankung oder die eines nahe stehenden Menschen im eigenen Lebensganzen hat, also etwa: Hat Krankheit eine biographische Dimension, etwa in Bezug auf die eigene Herkunftsfamilie oder vergangene Erfahrungen von Gewalt, Deprivation oder Vertreibung? Spiegelt sich in ihr eine stumme Lebensangst oder eine festgefahrene, einschnürende Familiendynamik?

Auch Phänomene wie psychische Erkrankungen, geistige Behinderungen oder autistische Störungen haben ohne Zweifel eine innere, subjektive Dimension. Die autistische Innenwelt mag uns als unverstehbar erscheinen, wie uns autistisches Verhalten oft als ‚abnorm' und manchmal als bizarr vorkommt – es ist die Welt der betroffenen Person, die eine eigene ‚innere Richtigkeit' und Stimmigkeit hat, die nicht mit naturwissenschaftlicher Kausalität verwechselt werden darf. Zu dieser inneren bzw. subjektiv erfahrenen Welt hat nur die betroffene Person unmittelbaren Zugang – was nicht ausschließt, dass sie sich selbst nicht versteht. Zugleich wird diese innere, subjektiv erlebte und vielleicht erlittene Wirklichkeit in einem sozialen und kommunikativen Kontext zu einem Bedeutungsphänomen, das mit symbolischem Sinn versehen wird.

Zu der Sinn- und Bedeutungsdimension von Krankheit lässt sich mit naturwissenschaftlich-deterministischem Werkzeug kein Zugang herstellen. Wenn die Neurowissenschaften strikt im Rahmen ihres Paradigmas verharren, bleibt ihnen der Zugang zur Innenwelt des Menschen, d. h. einer sozialen und kulturellen Welt von Sinngebungen und Bedeutung, verschlossen. Man kann sogar so weit gehen und mit Waldenfels behaupten: „Würde das Selbst des Patienten, der als Kranker leidet und nicht bloß unter eine Krankheitsrubrik fällt, negiert, so gäbe es weder Erkrankung noch Heilung. Wäre das Selbst des Patienten ein bloßes Behandlungsobjekt unter anderen, so wären neurophysiologische Vorgänge so bedeutungslos wie elektronische Prozesse im Computer" (Waldenfels 2002, 425).

2. Verstehen und Erklären als Mechanismen der Bewältigung von Fremdheit

Rainer Hohlfeld schlägt in seinem Text[1] vor, sich mit der oben skizzierten doppelten Buchführung bewusst zu arrangieren. Zugang zur inneren Sinn- und Bedeutungswelt anderer Menschen finden wir über das Verstehen. Wie bedeutsam das Verstehen ist, haben die zuletzt genannten Beispiele deutlich gemacht. Nach Hohlfeld erfolgt das Verstehen aus einer (beobachtenden) Teilnehmerperspektive, die vom eigenen Selbst ausgeht. Angestrebt wird ein möglichst verzerrungsfreier Analogieschluss von mir zum anderen. Die doppelte Perspektive, d.h. die Integration der Verstehenskomponente, soll zu einem Paradigmenwechsel in der Biomedizin führen und eine Wiederbelebung der anthropologischen Medizin vorantreiben.

Der Gewinn einer solchen Perspektiverweiterung ist offensichtlich. Hier aber möchte ich fragen: Was sind die philosophischen Voraussetzungen dieser Perspektive und was ist ihr Preis? Die Antwort auf die Frage nach den philosophischen Voraussetzungen deutet sich bereits in der Formulierung des Lösungsvorschlages an: Verstehen als Operation des Selbst, das von sich auf den anderen schließt. Hier tauchen mindestens zwei weitreichende und in der Philosophie bis heute kaum zufrieden stellend gelöste Schwierigkeiten auf. Erstens: Was heißt in diesem Zusammenhang ‚schließen'? Und zweitens: Auf welcher Grundlage soll ein solcher Schluss überhaupt erfolgen? Nachfolgend werde ich mich auf die zweite Schwierigkeit konzentrieren und zwei der mit ihr verbundenen Probleme benennen.

Erstens: Der vorgeschlagene Weg kann nicht umhin, eine wie auch immer geartete gemeinsame Ordnung zu unterstellen, auf deren Grundlage ein solcher, Verstehen herstellender Analogieschluss erst sinnvoll erfolgen kann – sei es die Ordnung einer von allen Menschen geteilten Vernunft, eine Ordnung anthropologischer Universalien oder dergleichen. Kann man, wie Husserl, eine Uranalogie zwischen dem Eigenen und dem Fremden, oder, wie Habermas, eine vom Primat des Logos ausgehende kommunikative Vernunft unterstellen, die einen solchen Analogieschluss zulassen würden? Ist es überhaupt angemessen, eine solche gemeinsame Ordnung anzunehmen? Wie tragfähig aber ist das Fremdverstehen, wenn die Idee einer gemeinsamen Ordnung brüchig wird?

Zweitens: Der vorgeschlagene Weg des Analogieschlusses impliziert, dass Erfahrung eine Abwandlung der Eigen- oder Selbsterfahrung ist. Die Fremdwelt erscheint

---

[1] Vgl. Rainer Hohlfeld in diesem Band.

grundsätzlich im Horizont der Eigenwelt. Wie tragfähig aber ist dieser Grund? So stellt sich die (hier nicht weiter verfolgte) Frage, ob der Analogieschluss zwischen Selbst und Anderen nicht bereits das voraussetzt, was durch ihn erst offenbar werden soll. Aus phänomenologischer Perspektive formuliert Zahavi (2008): „we employ analogical lines of reasoning only when we are already convinced that we are facing minded creatures but are simply unsure about precisely how we are to interpret the expressive phenomena in question" (149).

Nehmen wir diese Problematisierung des Analogieschlusses ernst, stehen wir vor einem zentralen philosophischen Problem: Dem Phänomen der Fremdheit des anderen Menschen und der Frage, was sie für das Fremdverstehen bedeutet.

Die Erfahrung von Bewusstseinszuständen aus der Perspektive der ersten Person unterscheidet sich radikal von derjenigen aus der Perspektive der zweiten oder dritten Person. Dieser Unterschied ist konstitutiv, denn er markiert die Differenz zwischen eigener und fremder Erfahrung. Könnte diese in jener aufgehen, wäre sie keine Erfahrung des Anderen mehr, sondern eine eigene Erfahrung. Die Erfahrung des Anderen, die *nicht* meine eigene ist, wäre damit vernichtet. Ein auf Analogieschlüssen beruhender verstehender Umgang mit dem Fremden würde – genauso wie die Unterstellung einer mich und den anderen Menschen umfassenden gemeinsamen Ordnung – zumindest der Tendenz nach dazu führen, dieses zu ‚entfremden' und ihm damit seinen Stachel zu nehmen. Nun behaupte ich: Diese Vernichtung von Fremdheit ist eine Konsequenz sowohl des Neurodeterminismus als auch – wenn auch weniger radikal – des Verstehens.

In einer sehr allgemeinen Bestimmung ist dasjenige fremd, „was jenseits der Grenzen dessen liegt, was man mit Husserl *Eigenheitssphäre* nennen könnte" (Waldenfels 1990, 59), also jenseits von Vertrautheit, Zugehörigkeit, Durchsichtigkeit oder Verfügbarkeit angesiedelt ist. Das bedeutet aber nicht, dass das Fremde einfach etwas Unbekanntes ist, das dem Bekannten gegenübersteht. Das Fremde ist das, was an den Grenzen gegebener sozialer und kultureller Sinnstrukturen sowie Erfahrungs- und Wissensordnungen auftaucht. Es ist auch nicht eine Variante von etwas Vertrautem und damit auf eine umfassendere, gesellschaftlich und kulturell bestimmte Ordnung hin zu verstehen.

Fremdheit kann auf sehr unterschiedliche Weisen auftreten und auf verschiedenen Stufen. Dazu gehören Ekstasen wie der Schlaf, der Tod oder der Eros oder zeitbezogene Momente von Fremdheit, etwa die verblassende Erinnerung an vergangene Ereignisse oder die fürchtende oder hoffende Antizipation von Zukünftigem. Es gibt die Fremdheit anderer Kulturen, die Fremdheit von Kindern oder diejenige von Kranken und Behinderten, beispielsweise von Demenzkranken oder autistischen Kindern (vgl. Waldenfels 1998).

Fremdheit im Bereich der Intersubjektivität betrifft „jene prinzipielle Unmöglichkeit einer ursprünglichen und echten (Re-)Präsentation derjenigen Erfahrungen, *wie sie der Andere von seiner Seite aus erlebt hat, wie* sie ihm gegeben, zugänglich und zugehörig sind" (Därmann 2002, 30). Fremdheit ist demnach das „Unzugängliche oder Unzugehörige, seien es fremdartige Erfahrungsgehalte oder fremdartige Erfahrungsstrukturen" (Waldenfels 1998, 136). Wichtig ist, dass Fremdheit keine kategoriale Eigenschaft von Gegenständen, Personen oder anderen Kulturen ist, sondern eine Relation: sie ist ein Ereignis des Dazwischen.

Wenn sich Fremderfahrung als vom Eigenen ausgehendes Fremdverstehen vollzieht, dann erweist es sich als Versuch, das originär Unzugängliche zugänglich zu machen (vgl. Därmann 2002, 30). Dies geschieht z. B. durch Strukturierung, Typisierung und Normalisierung der Erfahrung. Dem zu Verstehenden wird eine Ordnung unterlegt, die ihrerseits zu einer Matrix des Verstehens wird. Das können z. B. biologische, von einem statistischen Durchschnitt ausgehende Krankheitsmodelle sein, die die Innenseite eines Krankheitsgeschehens, seine subjektive Dimension, ausblenden. Wie Waldenfels betont, verbindet sich im neurobiologischen Paradigma das die neuzeitliche Naturwissenschaft dominierende Motiv der Naturbeherrschung mit demjenigen der Fremdheitsüberwindung (vgl. Waldenfels 2002, 409). Deterministische Krankheitsmodelle versuchen, die Wirklichkeit verfügbar zu machen (vgl. Waldenfels 1990, 126), und erweisen sich folglich als rationalisierte Krankheitsbewältigung. Wie bereits gesagt wurde, unterliegt auch eine verstehende Annäherung an Krankheitsgeschehen dieser Gefahr. Verstehen bedeutet, das zu Verstehende auf ein Vorwissen oder ein Vorverständnis zu beziehen. Das Verstehen erfolgt im Rahmen einer bereits bestehenden Ordnung und wird auf diese bezogen. Es gilt die Devise, dass Unverständliches nur *noch nicht* verständlich ist, aber grundsätzlich verständlich gemacht werden kann – und in den Humanwissenschaften auch verständlich gemacht werden muss.

Demgegenüber macht die Phänomenologie darauf aufmerksam, dass sich das Eigene nur als Eigenes bilden kann, indem es sich vom Fremden abhebt – und umgekehrt. Phänomenologisch gesehen heißt Fremderfahrung, in einen Sog des Fremden zu geraten, so dass sich Eigenes und Fremdes verflechten, ohne ineinander aufzugehen. Eigen- und Fremderfahrung steigern sich wechselseitig. Entscheidend an dieser Überlegung ist nun folgendes: Wenn sich Eigenes überhaupt erst durch Abgrenzung von Fremdem bildet, stehen diese in einem Verhältnis nicht aufhebbarer *Asymmetrie* zueinander. Das sich durch Abgrenzung bildende Verstehen des Subjekts kann nur auf seiner Seite der Fremdheitsschwelle stehen, niemals auf beiden Seiten gleichermaßen. Fremdverstehen stößt somit an eine prinzipielle, wenn auch sich stets verschiebende Grenze. Mein Verstehen der Innenwelt eines anderen Menschen kann niemals mit dieser Innenwelt deckungsgleich werden. Nach Waldenfels (1999) verweist jede Erfahrung des Fremden auf ein Fremdes zurück, „auf das sie antwortet, ohne es je einzuholen" (109).

3. Responsivität

Was ist der Ertrag dieser Gedankenskizze? Ohne Zweifel ist die Idee des Verstehens nicht nur ein Korrektiv, sondern auch eine paradigmatische Alternative zu neurodeterministischen Erklärungsansätzen in den Humanwissenschaften. Jedoch zeigt sich, dass möglicherweise auch das Verstehen durch überhöhte und nicht einlösbare Versprechen befrachtet ist, die einer phänomenologisch geschulten Kritik und Korrektur bedürfen.

Im Bereich der Intersubjektivität und mit Blick auf das Fremdverstehen eröffnet die Theorie der Responsivität diesseits von Erklären und Verstehen eine vielversprechende alternative Perspektive. Diese legt nahe, nicht mehr zu fragen, *was* das Fremde ist, um dieses dann zu erklären oder zu verstehen, sondern das Fremde als das zu nehmen, „*worauf* wir antworten und unausweichlich zu antworten haben, also als Aufforderung; Herausforderung, Anreiz, Anruf, Anspruch" (Waldenfels 1999, 108f.). Deshalb muss man aus phänomenologischer Sicht zu dem Schluss kommen, dass sich die Bestimmung von Eigenem und Fremdem nur im Ereignis des Antwortens vollzieht (vgl. grundlegend hierzu: Waldenfels 1994) – was aber auch heißt, dass sie sich einer völligen Bestimmung immer aufs Neue entziehen.

Literatur

Därmann, Iris (2002): Fremderfahrung und Repräsentation. In: Därmann, Iris; Christoph Jamme (Hrsg.): Fremderfahrung und Repräsentation. Weilerswist.
Dederich, Markus (2009): Der Körper und der Schmerz – Kein Thema für die Behindertenpädagogik? In: Zeitschrift für Heilpädagogik, Heft 3, 82–90.
Fuchs, Thomas (2008): Leib und Lebenswelt. Neue philosophisch-psychiatrische Essays. Kusterdingen.
Jonas, Hans (1994): Das Prinzip Leben. Ansätze zu einer philosophischen Biologie. Frankfurt.
Maturana, Humberto; Francisco Varela (1987): Der Baum der Erkenntnis. München/Bern/Wien.
Waldenfels, Bernhard (1990): Der Stachel des Fremden. Frankfurt.
Waldenfels, Bernhard (1994): Antwortregister. Frankfurt.
Waldenfels, Bernhard (1998): Der Kranke als Fremder. In: Grenzen der Normalisierung. Frankfurt.
Waldenfels, Bernhard (1999): Topographie des Fremden. Frankfurt.
Waldenfels, Bernhard (2002): Bruchlinien der Erfahrung. Phänomenologie, Psychoanalyse, Phänomenotechnik. Frankfurt.
Zahavi, Dan (2008): Subjectivity and Selfhood. Investigating the First-Person Perspective. Cambridge (Mass.).

Verzeichnis der Autorinnen und Autoren

Günter Altner, Theologe und Biologe, lehrte als Professor für Humanbiologie (1971–1973 PH Schwäbisch-Gmünd) und als Professor für Evangelische Theologie mit Schwerpunkt Systematische Theologie/Sozialethik bis 1999 an der Universität Koblenz-Landau. Die Universität Lüneburg verlieh ihm 2000 die Ehrendoktorwürde des Fachbereichs Umweltwissenschaften. Schwerpunkt seiner Arbeit ist die Vermittlung zwischen Theologie, Naturwissenschaften und Sozialethik. Sachverständiger bei Anhörungen zu ethischen, technologie- und umweltpolitischen Aspekten. Wissenschaftlicher Beirat des Institutes Mensch, Ethik und Wissenschaft. Letzte Publikation: Charles Darwin und die Instabilität der Natur (2009).

Markus Dederich, Behindertenpädagoge und Rehabilitationswissenschaftler, ist seit 2002 Professor für Theorie der Rehabilitation und Pädagogik bei Behinderung an der Universität Dortmund. Seine Forschungsschwerpunkte sind u. a. (Bio-)Ethische Fragen im Kontext von Behinderung, Probleme von Inklusion und Exklusion, Disability Studies. Er ist Autor der ersten deutschsprachigen Einführung in die Disability Studies aus kulturwissenschaftlicher Perspektive. Wissenschaftlicher Beirat des Institutes Mensch, Ethik und Wissenschaft.

Rainer Hohlfeld, Doktor der Biologie, Genetiker und Wissenschaftssoziologe, ist als wissenschaftlicher Berater des IMEW tätig und arbeitet schwerpunktmäßig an einer Kritik des Determinismus der Neurowissenschaften. Er war wissenschaftlicher Mitarbeiter im Sekretariat der Enquetekommission „Chancen und Risiken der Gentechnologie" des Deutschen Bundestages; von 1995 bis 2003 wissenschaftlicher Mitarbeiter der Berlin-Brandenburgischen Akademie der Wissenschaften.

Ernst von Kardorff, Soziologe und Psychologe, seit April 1995 Professor für Soziologie der Rehabilitation, Berufliche Rehabilitation und Rehabilitationsrecht an der Humboldt-Universität zu Berlin. Aktuelle Forschung u. a. zu verbesserter Patientenberatung durch Stärkung der Patientensouveränität, zur Diskriminierung psychisch Kranker, zu sozialen Netzwerken. Beratung in den Bereichen Selbsthilfe und berufliche Rehabilitation.

Elisabeth List, Philosophin, seit 1996 Professorin an der Karl-Franzen-Universität Graz. Ihre Forschungsschwerpunkte sind u. a. Biotechnologie, Wissenschafts- und Gesellschaftstheorie, Feministische Theorie und Wissenschaftskritik, Theorien des Körpers im kulturellen Kontext. Aktuelle Publikation: „Ethik des Lebendigen" (2009). Sie ist im Beirat des Technikkollegs an dem Interdisziplinären Kolleg für Wissenschafts- und Technikforschung, außerdem im Beirat der Interfakultären Koordinaitionsstelle für Geschlechterstudien an der Universität Graz sowie im Wissenschaftlichen Beirat des Instituts Mensch, Ethik und Wissenschaft.

Christian Mürner, Dr. phil., Behindertenpädagoge und freier Publizist, geboren 1948 in Zürich, seit 1977 in Hamburg tätig. Veröffentlichungen u. a.: „Behinderung als Metapher" (1990); „Medien- und Kulturgeschichte behinderter Menschen" (2003); als Herausgeber u. a.: „Ethik, Genetik, Behinderung – Kritische Beiträge aus der Schweiz" (1991); „Die Verbesserung des Menschen – Von der Heilpädagogik zur Humangenetik. Kritische Sichtweisen aus der Schweiz" (2002); zusammen mit Udo Sierck: „Krüppelzeitung – Brisanz der Behindertenbewegung" (2009). Mitglied im Wissenschaftlichen Beirat des Instituts Mensch, Ethik und Wissenschaft.

Sabine Stengel-Rutkowski, Professorin für Medizinische Genetik am Klinikum der Ludwig-Maximilians-Universität in München. Wissenschaftliche Arbeitsschwerpunkte sind Humangenetische Syndromdiagnostik, Psychosoziale Beratung von Eltern und Fachleuten nach der Diagnose einer Genveränderung beim geborenen oder ungeborenen Kind, Fähigkeiten und Erziehungsbedürfnisse von Kindern mit Genveränderungen. Mitglied im Wissenschaftlichen Beirat des Instituts Mensch, Ethik und Wissenschaft.

Andreas Zieger, Facharzt für Neurochirurgie, Rehabilitationswesen, seit 2007 außerplanmäßiger Professor der Carl von Ossietzky Universität Oldenburg. Forschungsschwerpunkte u. a.: Beziehungsmedizin, Beziehungsethik, Koma/Wachkoma, Körpersemantik und körpernaher Dialogaufbau, Frührehabilitation Hirngeschädigter. Aktuelle Mitherausgeberschaft: Rehapädagogik – Rehamedizin – Mensch. Einführung in den interdisziplinären Dialog humanwissenschaftlicher Theorie und Praxisfelder (2010). Mitglied im Wissenschaftlichen Beirat des Instituts Mensch, Ethik und Wissenschaft.

Institut Mensch, Ethik und Wissenschaft

Das gemeinnützige Institut wurde 2001 von den neun großen Verbänden der Behindertenhilfe in Deutschland gegründet, um eine wissenschaftliche Unterstützung für ihre Arbeit zu schaffen. Es berücksichtigt bei seiner Arbeit die besondere Perspektive von Menschen mit Behinderung bzw. chronischen Erkrankungen (Disability Mainstreaming). Es hat das Thema Disability Mainstreaming als erste wissenschaftliche Einrichtung in Deutschland aufgegriffen.

Ziel der Tätigkeit des Institutes ist es, die Perspektive von Menschen mit Behinderung in Wissenschaft, Politik und Gesellschaft zu verankern. Die Arbeit des IMEW erfolgt interdisziplinär. Zu den Aufgaben des IMEW gehört nicht nur der Transfer zwischen Wissenschaft, Gesellschaft und Politik, sondern auch deren Beratung. Das IMEW verfügt über hervorragende Kontakte sowohl zu Wissenschaftlern verschiedener Disziplinen, als auch zu vielen wichtigen Organisationen behinderter Menschen in Deutschland und in anderen europäischen Ländern.

Ein wichtiges Anliegen des Instituts ist die partizipative Ausrichtung von Forschung und Forschungspolitik. Bezogen auf das Arbeitsfeld des IMEW heißt das zum Beispiel, dass Therapien und Hilfsmittel nicht über die Köpfe der Betroffenen hinweg entwickelt werden, sondern unter ihrer Beteiligung und in Ausrichtung auf die Anforderungen und Bedürfnisse derjenigen, für die sie gedacht sind.

Hinzu kommen verstärkt Themen der Selbstbestimmung und gesellschaftlichen Teilhabe von Menschen mit Behinderung. Hier geht es um die Wechselwirkung zwischen Behinderung und behindernden gesellschaftlichen Rahmenbedingungen und um die Frage, wie eine soziale Umwelt aussehen muss, die eine weitgehend selbstbestimmte Teilhabe von Menschen mit Behinderung oder chronischer Krankheit ermöglicht.

Das Institut ist bis 2010 von der Stiftung Deutsche Behindertenhilfe sehr großzügig gefördert worden.

IMEW gGmbH, Warschauer Str. 58 A, 10243 Berlin
Tel: 030-29381770
Fax: 030-29381780
Kontakt: info@imew.de
Website: www.imew.de